Highlights

BRETAGNE

und Atlantikküste

DIE 50 ZIELE, DIE SIE GESEHEN HABEN SOLLTEN

24/12/20

Mein liebes Töchterlein,
50 und mehr Ziele warten darauf,
von Dir entdeckt zu werden ....
und Du wirst sie alle sehen.
Deine Mama, die Dich
sehr lieb hat ♡

Highlights

BRETAGNE

und Atlantikküste

Hans Zaglitsch
Silke Heller-Jung
Jürgen Zichnowitz

BRUCKMANN

Inhaltsverzeichnis

Die französische Atlantikküste hat für jeden etwas zu bieten (von links nach rechts): für Kulturfreunde, Familien, Sportler, Probierfreudige und Genießer.

Blick von der Grande Plage in Biarritz auf den Leuchtturm auf der Pointe Saint-Martin.

Der Süden – Menhire, Mittelalter und ein Elefant 98

Côte d'Argent und Côte Basque – Schlösser und Surfer 132

0
50 km
N
Côte des Légendes
Côte de Granit Rose
Sept-Îles
Perros-Guirec
Île de Bréhat
Golf von Saint-Malo
Roscoff
Saint-Pol-de-Léon
Tréguier
Paimpol
Brignogan-Plages
L'Aber-Wrac'h
Lannion
Côte d'Emeraude
Cap Fréhel
Granville
Vire
Falaise
Verneuil-sur-Avre
Saint-Thégonnec
Morlaix
Guingamp
Erquy
Saint-Malo
Mont Saint-Michel
Villedieu-les-Poêles
Flers
Argentan
I. d'Ouessant
Landivisiau
Guimiliau
Plougonven
Saint-Brieuc
Dinard
Cancale
Le Mont-Saint-Michel
Brest
Le Conquet
Landerneau
Huelgoat
Lamballe
Dinan
Dol-de-Bretagne
Saint-Hilaire-du-Harcouët
Domfront
Camaret-sur-Mer
Plougastel-Daoulas
Carhaix-Plouguer
Combourg
Pré-en-Pail
Crozon
Pleyben
Fougères
Alençon
Nogent-le-Rotrou
Baie de Douarnenez
Douarnenez
Pointe du Van
Caulnes
Feniletti
Île de Sein
Locronan
Mûr-de-Bretagne
Saint-Méen-le-Grand
Bécherel
Mayenne
Pointe du Raz
Quimper
Le Faouët
Pontivy
Loudéac
Brocéliande
Vitré
Mayenne
Fouesnant
La Forêt-Fouesnant
Rennes
Benodet
Concarneau
Josselin
Ploërmel
Laval
Pont-l'Abbé
Quimperlé
Canal de Nantes à Brest
Guer
Penmarc'h
Pont-Aven
Hennebont
Sablé-sur-Sarthe
Le Mans
Glénan-Inseln
Lorient
Sainte-Anne-d'Auray
Île de Groix
Auray
Vannes
Redon
Messac
Vendôme
Carnac
Sarthe
Locmariaquer
Golf von Morbihan
Châteaubriant
Quiberon
Port Navalo
La Roche-Bernard
Vilaine
la Flèche
Loir
Château-Renault
Île Ouessant
Côte des Abers
Lampaul-Plouarzel
Île Molène
Brest
Pointe de Saint-Mathieu
Crozon
Côte Sud
Halbinsel Crozon
Nozay
Parc Régional de Brière
Blain
Le Palais
Belle-Île
Pontchâteau
Guérande
Saint-Nazaire
Angers
Tours
La Baule
Mindin
Loire
Chalonnes-sur-Loire
Préfailles
Pays de Retz
Nantes
Pornic
Cholet
Saumur
Noirmoutier-en-l'Île
Montaigu
Loches
Beauvoir-sur-Mer
Thouars
Loudun
Challans
Legé
Saint-Jean-de-Monts
Bressuire
Mirebeau
Île d'Yeu
la Roche-sur-Yon
Chantonnay
Châtellerault
Parthenay
Les Sables-d'Olonne
Fontenay-le-Comte
Talmont-Saint-Hilaire
Poitiers
La Tranche-sur-Mer
Île de Ré
Niort
Saint-Martin-de-Ré
Melle
Bussière-Poitevine
La Rochelle
Saint-Denis-d'Oléron
Surgères
Bellac
Île d'Oléron
Ruffec
Saint-Jean-d'Angély
Aigre
Rochefort
Marennes
St-Junien
Saintes
ATLANTISCHER
Royan
Le Verdon-sur-Mer
Pons
Cognac
Angoulême
Châlus
Soulac-sur-Mer
Gironde
Barbezieux
Mirambeau
Lesparre-Médoc
Pauillac
Chalais
Périgueux
Ribérac
Lamarque
Blaye
Castelnau-de-Médoc
Coutras
Lacanau-Océan
Médoc
Macau
Isle
Lacanau
Libourne
OZEAN
Bordeaux
Bergerac
Arcachon
Facture
Cap Ferret
Garonne
la Réole
Parc Naturel Régional des Landes de Gascogne
Langon
Marmande
Belin-Béliet
Villeneuve-s.-Lot
Biscarrosse
Aiguillon
Sore
Mimizan-Plage
Agen
Sabres
Houeillès
Golf von Biscaya
Castets
Mont-de-Marsan
Saint-Justin
Condom
Tartas
Adour
Villaviciosa
Santander
Hossegor
Capbreton
Aire-sur-l'Adour
Santoña
Dax
Auch
L'Isle-Jourdain
Torrelavega
Bayonne
Biarritz
Orthez
Solares
Saint-Jean-de-Luz
Bilbao
Donostia/San Sebastián
Irun
Pau
Trie-s.-B.
SPANIEN
1
2
3
4
5
6
7
8
9
10
11
12
13
14
15
16
17
18
19
20
21
22
23
24
25
26
27
28
29
30
31
32
33
34
35
36
37
38
39
40
41
42
43
44
45
46
47
48
49
50

1 Rennes
2 Combourg
3 Bécherel
4 Châteaubriant, Vitré und Fougères
5 Paimpont und der Wald von Brocéliande
6 Der Canal de Nantes à Brest
7 Pontivy und das Tal des Blavet
8 Der Wald von Huelgoat
9 Der Mont-Saint-Michel
10 Saint-Malo
11 Cancale
12 Dinan
13 Dinard
14 An der Côte de Granit Rose
15 Morlaix
16 Die bretonischen Kirchhöfe
17 Saint-Pol-de-Léon
18 Roscoff
19 Die Côte des Legendes
20 Brest
21 Die Halbinsel Crozon
22 Locronan
23 Die Pointe du Raz
24 Pont-l'Abbé
25 Die Halbinsel Penmarc'h
26 Rund um Bénodet
27 Concarneau
28 Quimper
29 Pont-Aven
30 Quiberon
31 Auray
32 Carnac
33 Der Golf von Morbihan
34 Vannes
35 Belle-Île
36 Guérande
37 La Brière
38 Von La Baule bis zur Insel Noirmoutier
39 Saint-Nazaire
40 Nantes
41 La Rochelle
42 Île de Ré und Île d'Oléron
43 Cognac
44 Das Bordelais
45 Bordeaux
46 Das Bassin d'Arcachon
47 Biscarosse und Mimizan
48 Hossegor und Capbreton
49 Bayonne
50 Biarritz und Saint-Jean-de-Luz

Das kleine Oratorium des heiligen Guirec in Perros-Guirec ist bei Ebbe trockenen Fußes zu erreichen (oben). Die Kathedrale Sainte-Marie von Bayonne ist der Jungfrau Maria geweiht (rechts).

Vom Meer geprägt

Wilde Wogen und sonnenverwöhnter Wein

»Homme libre, toujours tu chériras la mer«, schrieb einst der französische Lyriker Charles Baudelaire (1821–1867): »Du, freier Mensch, wirst das Meer immer lieben!« Es ist sicher kein Zufall, dass gerade jene Zeilen ein Gedenkkreuz an der bretonischen Pointe de Pen Hir schmücken. Obwohl Baudelaire, ein Dandy und schillernder Lebemann, sein Leben überwiegend in Paris verbrachte, spricht sein Gedicht »Der Mensch und das Meer« doch vielen Küstenbewohnern aus der Seele – etwa, wenn es heißt: »Das Meer ist dein Spiegel, in dessen hochgetürmten Wogen Du Deine eigene Seele schaust.«

Ebenso wie das menschliche Gemüt kennt auch die französische Atlantikküste viele Abstufungen zwischen Sanftmut und Schroffheit. Seit Jahrmillionen formt und prägt das Wechselspiel zwischen Meer und Land diese Küstenlinie. Mal herrscht ein harmonisches Miteinander, wenn die Wellen gemächlich an feinsandige Strände plätschern oder die Wärme des Golfstroms blühende Gärten schafft. Mal scheinen die Grenzen zwischen Wasser und Festland zu verschwimmen – so fließend sind die Übergänge etwa im Golf von Morbihan oder in den Salzgärten der Guérande. Doch in manchen Landstrichen kämpfen der Atlantik und der Kontinent mal mehr, mal weniger heftig, aber ohne Unterlass um die Vorherrschaft. Besonders eindrucksvolle Spuren hat dieses ewige Ringen in der felsigen, tief zerklüfteten Küstenlinie des bretonischen Departements Finistère hinterlassen, wo die

AIRE PIETONNE

Brandung donnernd gegen die Klippen anrennt, die sich dort schwindelerregend über dem Meer erheben.

Rund um den berühmten Klosterberg Mont-Saint-Michel zieht sich das Meer bei Ebbe weit zurück (oben). Die Bombarde ist eines der typischen Instrumente in der bretonischen Musik (unten). Der Uhrenturm am Hafen von La Rochelle eröffnet den Zugang zur Altstadt (rechts).

Spektakuläre Küstenblicke

So abwechslungsreich wie die Küstenlinie selbst sind auch die Kulturdenkmäler, Städte und Landschaften, die sich hier wie Perlen an einer Schnur aneinanderreihen. Einen fulminanten Auftakt bildet der berühmte Klosterberg Mont-Saint-Michel an der Grenze zur Normandie. Weitere Highlights an der Nordküste der Bretagne sind die von Mauern umschlossene Altstadt von Saint-Malo und die malerischen bizarren Felsformationen an der Côte de Granit Rose. Die wunderschönen umfriedeten Kirchhöfe, die *Enclos paroissiaux*, mit ihren kunstvoll gearbeiteten figurenreichen *Calvaires* (»Kalvarienberge«) sind steinerne Zeugen der tiefen Frömmigkeit, die lange das Leben der Bretonen prägte. Der Kontrast zu den steilen, vom Wind gepeitschten Felsenkaps Pointe du Raz und Pointe du Van im Finistère könnte nicht größer sein, wenn man der Küste ins beschauliche Bigouden-Land mit seinen langen Sandstränden und den kleinen Fischerstädtchen folgt. Nicht versäumen sollte man Quimper, die Hauptstadt des Finistère.

Charmante Hafenstädte und Seebäder

Entlang der lieblichen »bretonischen Riviera« an der Mündung des Odet geht es weiter nach Concarneau, dessen von Mauern umschlossene Altstadt auf einer Insel im Hafen liegt. Dem Charme des kleinen Städtchens Pont-Aven verfiel schon der – damals noch nicht berühmte – Maler Paul Gauguin (1848–1903). Während der Gezeitenunterschied zwischen tiefstem und höchstem Wasserstand an der Nordküste der Bretagne gewaltig ist und bis zu 14 Metern betragen kann, zeigt sich der Atlantik an der bretonischen Südküste von seiner gemäßigten Seite. Diesem Umstand sowie einer beachtlichen Zahl von Sonnenstunden pro Jahr verdankt die Halbinsel Quiberon ihren Ruf als Sommerferienparadies. Nicht minder beliebt ist die Belle-Île, die ihren Namen »Schöne Insel« sehr zu Recht trägt. Was die Menschen in prähistorischer Zeit dazu bewogen hat, bei Carnac Aberhunderte von tonnenschweren Steinen in kilometerlangen, schnurgeraden Reihen aufzurichten, ist noch nicht bis ins Letzte erforscht. Ihr monumentales Erbe aber zieht die Betrachter bis heute in seinen Bann. Den malerischen Golf von Morbihan sprenkeln unzählige Inseln. Das ausgedehnte Binnenmeer ist nur über einen schmalen Durchlass

mit der offenen See verbunden. Das jahrhundertealte Handwerk der Salzgewinnung hat die Küste der Halbinsel Guérande geprägt: Wie ein Schachbrett sehen die flachen Verdunstungsbecken aus der Vogelperspektive aus. Im Hinterland liegt das verwunschene, von Kanälen durchzogene Torfmoor der Grande Brière. Das traditionsreiche Seebad La Baule lockt mit einem wunderschönen Strand und zauberhaft-altmodischen Villen. Auch das kulturell dynamische Nantes, die ehemalige Hauptstadt der Bretagne, ist einen Abstecher wert. Im dortigen Schloss erblickte die bretonische Nationalheldin, die »gute Herzogin Anne« (1477–1514), das Licht der Welt.

Inselwelten und berühmte Weine

Sommer für Sommer locken die Île de Noirmoutier und die Île d'Yeu, die Île de Ré und die Île d'Oléron Erholungssuchende an. Für kulturell Interessierte ist die historische Hugenottenhochburg La Rochelle eine Pflichtstation, bevor Städtenamen wie Cognac und Bordeaux das Interesse rasch auf andere, (hoch-)geistige Genüsse lenken. Das Médoc am westlichen Ufer der Gironde ist die Heimat einiger der berühmtesten Rotweine der Welt. Die Altstadt von Bordeaux, das durch den Wein zu Wohlstand gelangte, zählt seit 2007 zum UNESCO-Welterbe. Im Umland der Stadt liegen Tausende von Weingütern. Die flache, weite Region Landes, die jenseits des Beckens von Arcachon beginnt, ist geprägt von breiten Sandstränden und einem ausgedehnten Küstenwald aus Kiefern, die zum Schutz der Küste angepflanzt wurden. Je näher man dem Baskenland kommt, desto schroffer zeigt sich die Küste wieder. Im äußersten Südwesten Frankreichs, unweit der Pyrenäen, liegen Bayonne mit seiner Kathedrale, Biarritz, das erst als Walfängerhafen und später – nachdem sich der französische Kaiser Napoléon III. (1808–1873) hier eine Sommerresidenz errichten ließ – als mondänes Seebad Karriere machte, und das malerische Hafenstädtchen Saint-Jean-de-Luz.

So vielgestaltig, wie sich der Atlantik an seiner langen Küstenlinie in Frankreich zeigt, ist der Reisende geneigt, Baudelaire uneingeschränkt Recht zu geben: »Du, freier Mensch, wirst das Meer immer lieben!«

Im Herzen der Bretagne

Reise durch das Land des Waldes

Die Festung von Fougères sicherte einst die bretonisch-französische Grenze (links). Bücher, Blumen und Trödel gibt es in dem charmanten kleinen Laden »Zur Feldmaus« im Bücherdorf Bécherel (rechts oben). Der Canal de Nantes à Brest ist ein Paradies für Freizeitkapitäne (rechts unten).

Das 1836 eröffnete Opernhaus von Rennes war zu seiner Zeit geradezu atemberaubend modern (oben). Lange prägten mittelalterliche Fachwerkhäuser das Gesicht der Stadt (rechts).

1 Die Hauptstadt der Bretagne – Rennes

Die Stadt der Herzöge

In Rennes, der Hauptstadt der Bretagne, wurden einst die bretonischen Herrscher gekrönt. Auch das Ende der bretonischen Unabhängigkeit nahm hier seinen Anfang. Trotz seines reichen historischen Erbes ist Rennes aber keineswegs museal: Die Universität bringt viele junge Menschen in die Stadt, und dank eines beeindruckenden Kultur- und Festivalprogramms ist immer etwas los.

Die kleine Anne war gerade einmal elf Jahre alt, als der Tod ihres Vaters François II de Bretagne (1435–1488) sie auf die politische Bühne katapultierte. Denn Anne (1477–1514) war die Erbin des Herzogtums, das sich der übermächtige Nachbar Frankreich schon lange einverleiben wollte. Dass das Mädchen eigentlich schon einem anderen, nämlich Maximilian von Habsburg (1459–1519), versprochen war, zählte in diesem Fall wenig. Frankreichs König Charles VIII (1470–1498) ließ kurzerhand seine Truppen in der Bretagne aufmarschieren und hob die Belagerung erst auf, nachdem Anne einer Heirat mit ihm zugestimmt hatte. Trotz der rabiaten Brautwerbung hatte diese Geschichte ein Happy End: Herzogin Anne und der nur wenige Jahre ältere König verliebten sich ineinander und führten bis zu Charles frühem Tod eine glückliche Ehe. Für die Bretagne jedoch besiegelte diese Hochzeit das Ende ihrer Unabhängigkeit. Per Ehevertrag wurde festgeschrieben, dass sie nun und »für immer« ein Teil Frankreichs sein würde. Anne, die bis heute als »gute Herzogin« verehrt wird, gelang es noch, die Selbstständigkeit ihres Herzogtums zu verteidigen. Doch ihre Tochter Claude (1499–1524) brachte die Bretagne als Mitgift in ihre Ehe mit dem französischen König François I (1494–1547) ein.

Restaurant le Méditerranée
RUE DE LA PSALETTE
RUE DU CHAPITRE
STRAED AR CHABISTR

Spielball der Mächte

Hier, wo die Ille in die Vilaine mündet, gab es schon zu Römerzeiten eine Siedlung. Der Handelsplatz und Verkehrsknotenpunkt hieß zunächst Condate (Keltisch: »Zusammenfluss«), später nannte man ihn nach dem in dieser Region beheimateten Stamm der Redonen Rennes. Im frühen Mittelalter wurde die Stadt zum heftig umkämpften Zankapfel: Briten, Normannen und Franzosen stritten erbittert um die Vorherrschaft, immer wieder wurde Rennes belagert und erobert. Erst nachdem Jean de Montfort im Jahr 1356 den zermürbenden bretonischen Erbfolgekrieg für sich entscheiden konnte, kehrte allmählich Ruhe ein. Rennes wurde zur Hauptstadt des Herzogtums. In der gotischen Kathedrale Saint-Pierre wurden die bretonischen Herrscher gekrönt. Zuvor aber gelobten sie vor den Portes Mordelaises, dem massiven, von zwei wuchtigen Türmen flankierten Stadttor aus dem 15. Jahrhundert, die Freiheit der Bretagne stets zu verteidigen. Erst danach betraten sie über die Zugbrücke die Stadt. Auch Anne de Bretagne ging vor ihrer Krönung im Februar 1489 diesen Weg. Das mittelalterliche Rennes war eine blühende Stadt. Kunstvoll gebaute Fachwerkhäuser säumten die schmalen Straßen rund um die Kathedrale Saint-Pierre und die Basilika Saint-Sauveur. Die Zimmerleute aus Rennes genossen einen ausgezeichneten Ruf. Als die Stadt 1554 zum Sitz des bretonischen Parlaments wurde, setzte ein regelrechter Bauboom ein: Um während der Sitzungsperiode standesgemäß zu residieren, ließen sich die bretonischen Adeligen elegante Stadthäuser errichten. Einige schöne Exemplare sind an der Nordseite der Place des Lices zu sehen. Der große Platz lag ursprünglich vor den Toren der Stadt und diente als Turnierplatz. Erst nach einer Pestepidemie im Jahr 1622 wurde der Wochenmarkt dorthin ausgelagert. Bis heute herrscht hier am Samstagvormittag rund um die im 19. Jahrhundert erbauten Markthallen lebhaftes Treiben.

In der Kathedrale von Rennes wurden einst die bretonischen Herzöge gekrönt (unten). Der Parc du Thabor ist eine grüne Oase im Herzen der Stadt (rechts oben).

In Schutt und Asche

Nach vierzigjähriger Bauzeit bezog das Parlament 1655 schließlich den prächtigen Parlaments- und Justizpalast. In dem beeindruckenden Gebäude aus Granit tagte es mit Unterbrechungen, bis es 1789 im Zuge der Französischen Revolution aufgehoben wurde. In der Grand' Chambre, dem prunkvollen Parlamentssaal, wurden einst Gesetze erlassen, während in der Salle des Pas perdues, dem »Saal der verlorenen Schritte«, die wartenden Anwälte zwischen ihren Auftritten vor Gericht auf und ab liefen. Ein betrunkener Tischler, der

unachtsam mit einer Laterne hantierte, löste im Jahr 1720 einen Großbrand aus. Das Feuer wütete tagelang und legte Teile der historischen Altstadt in Schutt und Asche. Ganze Straßenzüge wurden Opfer der Flammen. Wie durch ein Wunder blieb das schöne Fachwerkhaus Ty-Coz aus dem 16. Jahrhundert an der Rue Saint-Guillaume Nr. 3 verschont. Auch die Häuser in der Rue Saint-Georges sind bis heute beinahe vollständig erhalten geblieben, während die gotische Kathedrale infolge des Feuers einstürzte. Selbst das Parlamentsgebäude überstand diese Feuersbrunst, ging aber 1994 nach einer gewalttätigen Protestkundgebung in Flammen auf. Nach einer umfassenden Restaurierung dient es inzwischen wieder als Gerichtsgebäude.

Kunst und Kultur

Der Wiederaufbau von Rennes nach dem Großen Feuer von 1720 erfolgte nach den Plänen des Pariser Architekten Jean Gabriel (1667–1742) und veränderte das Gesicht der Stadt nachhaltig: Die neu errichteten Bereiche mit ihren breiten, geradlinig verlaufenden Straßen und den ebenmäßigen klassizistischen Fassaden kontrastieren mit den mittelalterlichen Gassen und Plätzen mit ihren bunten, verwinkelten Fachwerkhäusern. An der Place de la Mairie entstand das imposante barocke Rathaus (1742) mit dem zentralen Turm und der konkav geschwungenen Fassade, dessen Form das gegenüberliegende Opernhaus (1836) mit seinem halbrunden Vorbau perfekt aufgreift. Viele Gebäude in Rennes und Umgebung sind mit kunstvollen Mosaiken verziert, die die Kunsthandwerkerfamilie Odorico um die Jahrhundertwende schuf.

Heute präsentiert sich Rennes als lebendige Universitätsstadt. Mehrere Museen und das hypermoderne Kultur- und Wissenschaftszentrum Les Champs Libres sorgen für ein breites Kulturangebot. Darüber hinaus wartet die Stadt mit einem beachtlichen Veranstaltungskalender auf. Beim Festival »Les Rencontres Trans Musicales«, kurz »Les Trans« genannt, das seit 1979 jedes Jahr im Dezember stattfindet, gibt es immer wieder interessante Newcomer zu entdecken. Bekannte Größen wie Björk oder Lenny Kravitz standen hier zu Beginn ihrer Karriere auf der Bühne. Im Sommer wird beim Straßenkunstfestival »Les Tombées de la Nuit« die ganze Stadt zur Bühne: An allen Ecken und Enden finden Konzerte und andere Aufführungen statt. Viele Fans hat auch das Theater- und Tanzfestival »Mettre en Scène«, bei dem sich jedes Jahr im November Künstler aus aller Welt treffen.

PARC DU THABOR

Auf einem Hügel inmitten der Stadt gelegen, ist der Parc du Thabor das grüne Wohnzimmer von Rennes: Hier drehen Jogger ihre Runden, Familien picknicken, Studenten schlendern in Grüppchen umher. Als die Gartenbauexperten Denis (1811–1890) und Eugène Bühler (1822–1907) die ausgedehnte, rund zehn Hektar große Grünanlage um 1860 konzipierten, kamen ihre Pläne einer gartenbaulichen Revolution gleich. Der Park vereinigt mehrere ganz unterschiedliche Gärten, etwa einen französischen, einen botanischen und einen Rosengarten. Exotische Bäume und Gehölze gliedern das Gelände, und im Frühjahr blühen Hunderte von Tulpen. Zwischen den farbenfrohen Beeten gibt es allerhand zu entdecken: Skulpturen, einen schön angelegten Kinderspielplatz, einen Musikpavillon, verspielte Brückchen, Springbrunnen, Teiche, einen Wasserfall und ein verschnörkeltes Vogelhaus, das von einer kleinen Voliere umgeben ist.

WEITERE INFORMATIONEN

www.tourisme-rennes.com, www.lestrans.com, www.lestombeesdelanuit.com

Im Sonnenschein wirkt die Festung von Combourg gar nicht so unheimlich – doch in einem der massigen Türme soll es angeblich spuken ...

2 Der Dichter im Katzenturm – Combourg

Spuk im Kinderzimmer

Die Festung Combourg war einst Teil der Verteidigungslinie, die die bretonische Mark vom Nachbarn Frankreich abgrenzte. Der berühmte französische Dichter François-René de Chateaubriand verbrachte hier einen Teil seiner Kindheit.

Ernst und ein wenig schwermütig blickt der berühmte Sohn der Stadt in die Ferne. Nicht nur ein Denkmal erinnert in Combourg an den Romantiker – Literaturfreunde können auch auf einem Pfad von der Kirche bis zum Lac Tranquille auf den Spuren des Dichters wandeln. Die vier massigen Türme der alten Grenzfestung, deren ältester aus dem 11. und die anderen aus dem 15. Jahrhundert stammen, ragen hoch über die schmalen Gässchen und die schmucken Fachwerkhäuser hinaus. In einem von ihnen, der Tour du Chat (Katzenturm), lag Chateaubriands (1768–1848) Kinderzimmer. In seinen *Mémoires d'outre-tombe* (»Erinnerungen von jenseits des Grabes«) schildert er, wie er sich vor dem Geist eines Vorfahren fürchtete, der dort angeblich in der Gestalt einer schwarzen Katze spukte.

Gesichtskontrolle am Wachhäuschen

Schon im 6. Jahrhundert wurde an der Stelle des heutigen Städtchens eine Kirche errichtet, um die herum eine kleine Siedlung entstand. Nach dem Bau der Burg im 11. Jahrhundert wuchs im Schatten der Burgmauern ein Marktflecken heran. Benediktinermönche gründeten dort 1065 ein Kloster, das zum Mittelpunkt eines weiteren Stadtviertels wurde. Die Einwohner, die durch Handel, Tuchweberei und Gerberei zu Wohlstand kamen, ließen sich schöne Fachwerkhäuser errichten. Die Maison de la Lanterne, das »Laternenhaus« aus dem 16. Jahrhundert, beherbergt heute das Office de Tourisme. Es war einst ein Wachhäuschen, wo im Licht einer Laterne späte Besucher einer genauen Musterung unterzogen wurden.

Info: www.combourg.com

Das Bücherdorf Bécherel ist ein Paradies für Leseratten und Bücherwürmer.

3 Ein vielseitiges Städtchen – Bécherel

Die bretonische Stadt des Buchs

Wer Bücher liebt, kommt an Bécherel nicht vorbei. Mit zahlreichen Buchläden und Antiquariaten präsentiert sich der Ort heute als Cité du Livre (»Stadt des Buches«). Am Ortsausgang lockt der prächtige Park des Château de Caradeuc, des »bretonischen Versailles«.

Das mittelalterliche Städtchen Bécherel thront malerisch auf einem Felsvorsprung über dem Rance-Tal. Diese Lage war strategisch günstig, weshalb hier vom 12. bis zum Ende des 18. Jahrhunderts ein befestigter Adelssitz stand. Ab dem Mittelalter brachten Hanf und Leinen den wirtschaftlichen Aufschwung: Leinengarn aus der Gegend um Bécherel galt als eines der feinsten und besten und wurde bis nach England und Spanien exportiert. Aus dieser Zeit, dem 16., 17. und 18. Jahrhundert, stammen die prächtigen Granithäuser im Herzen von Bécherel, etwa an der Rue de la Filanderie. Die schönsten sind an der Place des Halles zu finden. Das Schloss ist fast komplett verschwunden; an seiner Stelle liegt heute der Parc Thabor, eine pittoreske Gartenanlage mit einem Gewirr von Treppen.

Eldorado für Leseratten

1989 fand in Bécherel die erste Fête du Livre (Fest des Buchs) statt. Inzwischen steht das Städtchen ganz im Zeichen des gedruckten Worts. Buchhändler, Buchbinder, Kalligrafen, Galeristen und Kunsthandwerker haben sich hier niedergelassen. Bécherel trägt mittlerweile stolz den Titel Cité du Livre (»Bücherstadt«), als erste Stadt in Frankreich und dritte in ganz Europa. Am Osterwochenende und im Oktober finden Bücherfestivals statt, an jedem ersten Sonntag im Monat lockt ein Büchermarkt. Am westlichen Ausgang des Orts steht das Château de Caradeuc in einem wunderschönen Park voller Skulpturen und Wasserspiele. Von der Nordterrasse hat man einen herrlichen Ausblick.

Info: www.becherel.com, www.caradeuc.com

Hochherrschaftlich: Das »Goldene Zimmer« in der Burg von Châteaubriant ist prachtvoll ausgestattet (oben). Massive Befestigungsanlagen wie das Stadttor von Vitré verwehrten einst ungebetenen Gästen den Zutritt (rechts oben). Im Schutz der Burgen entstanden im Mittelalter rasch Siedlungen, wie hier Fougères (rechts unten).

4 Die Tore zur Bretagne – Châteaubriant, Vitré und Fougères

Massive Burgen zum Schutz der Grenze

Mit einer ganzen Kette von Festungen sicherten die bretonischen Herzöge im Mittelalter die östliche Grenze ihres Territoriums. Drei besonders wichtige Elemente in diesem Verteidigungswall waren die wehrhaften Burgen von Châteaubriant, Vitré und Fougères. Um die alten Festungen ranken sich viele Geschichten und Legenden von Liebe und Tod, Heldenmut und Grausamkeit …

Die Familie Brient, Verbündete der Grafen von Rennes, ließ im 11. Jahrhundert oberhalb des Flusses Chère eine Burg erbauen. Rund um diese Festung und das westlich davon gelegene Benediktinerkloster entstand rasch eine kleine Stadt. In der mittelalterlichen Altstadt sind noch viele der alten Handwerkerhäuser erhalten. Châteaubriant ist weithin bekannt für den Jahrmarkt Foire de Béré, der seit 1050 einmal im Jahr rund um die romanische Klosterkirche Saint-Jean de Béré abgehalten wird. Dann strömen rund 50 000 Besucher in die Stadt und machen sich auf der Landwirtschaftsmesse, dem Viehmarkt und der zugehörigen Kirmes einen schönen Tag.

Die Frauen von Châteaubriant

Die Geschichte der Stadt ist reich an außergewöhnlichen Frauengestalten. Im 13. Jahrhundert etwa wartete Sibylle, die Ehefrau des Kreuzzüglers Geoffroy de Châteaubriant, jahrelang treu und unbeirrt auf dessen Rückkehr – um dann vor lauter Glück, ihn wiederzusehen, in seinen Armen ihr Leben auszuhauchen. Aus ganz anderem Holz geschnitzt war dagegen Françoise de Dinan (1436–1499), die Baronin von Châteaubriant: Als französische Truppen 1488 das mittelalterliche Schloss zerstörten, ließ die Burgherrin ihr angestammtes Domizil umgehend umso prächtiger wiederaufbauen. Auf ihrem Enkel Jean de Laval (1486–1543)

La Duchesse Anne
TABAC
Souvenirs
PRESSE
ENTRÉE
ENTRANCE

Die Kirche Saint-Sulpice in Fougères wurde ab 1380 im alten Gerberviertel zu Füßen der Burg erbaut (unten); die meisten der heutigen Fenster stammen aber aus dem frühen 20. Jahrhundert (rechts oben). Die geistreiche Madame de Sévigné war eine der berühmtesten Briefschreiberinnen ihrer Zeit (rechts unten).

lastet bis heute der Verdacht, er habe seine Ehefrau auf dem Gewissen. Dabei hatte alles so romantisch angefangen: Im September 1505 heiratete Jean de Laval die junge Françoise de Foix (1495–1537). Die dunkelhaarige Frau war so schön, dass dies dem französischen König François I (1494–1547) zu Ohren kam und dieser Laval nebst Gattin an seinen Hof einlud. Laval, der wusste, dass der König ein arger Schürzenjäger war, ließ seine Frau aber vorsichtshalber lieber zu Hause. Vor seiner Abreise ließ er zwei Ringe machen und nahm seiner Angetrauten ein Versprechen ab: Sie dürfte unter keinen Umständen an den Königshof reisen, es sei denn, der Brief, der sie dazu aufforderte, trage den Abdruck seines Siegelrings. Es kam, wie es kommen musste: Durch eine List brachte der König den Ring an sich und schickte postwendend nach Françoise. Die nichtsahnende Schönheit erschien bei Hofe, wo sie der König alsbald zu seiner Mätresse machte. Jahre später ließ er sie dann wegen einer Jüngeren sitzen. Der eifersüchtige Ehemann Jean de Laval nahm die schöne Françoise zwar mit zurück in die Bretagne. Dort aber soll er sie in einem mit schwarzem Stoff ausgekleideten Zimmer seines Schlosses gefangen gehalten haben, bis sie – manche munkeln: verdächtig früh – verstarb.

Das Dornröschenschloss von Vitré

Lange bevor es Rankings wie »die schönste, die beliebteste, die familienfreundlichste Stadt« gab, erhielt Vitré quasi den Ritterschlag in Sachen Lebensqualität: »Wäre ich nicht König von Frankreich, dann wäre ich gern ein Bürger von Vitré« – mit diesen Worten stellte Henri IV (1553–1610) dem Ort ein tadelloses Zeugnis aus. Das Schloss von Vitré, auf einem Felssporn über der Vilaine gelegen, war ein zentraler Baustein im Verteidigungswall der Bretagne. Darum wurde hier auch kräftig investiert: Ein stattlicher Neubau mit dreieckigem Grundriss löste im 13. Jahrhundert die ursprüngliche Festung ab, im 14. und 15. Jahrhundert wurde die Bastion wiederholt auf den neuesten Stand der Technik gebracht. Eine massive Zugbrücke führt zu einem von zwei Türmen überragten Torgebäude, das den Zugang zum Innenhof sichert. Angreifer, die es bis dorthin schafften, wurden von weiteren sieben Türmen aus unter Beschuss genommen. Heute wird das malerische Schloss unter anderem als stadt- und kulturgeschichtliches Museum genutzt.

Wie viele andere Städte im Herzen der Bretagne wurde Vitré im Mittelalter durch den Handel mit Leinen und Segeltuch reich. Auch Lederwaren und Strümpfe aus hiesiger Produktion erfreuten sich großer Nachfrage. Später

kam der Überseehandel hinzu. Im Jahre 1472 wurde die Zunft der Marchands d'Outre-Mer (»Überseehändler«) gegründet, deren stattlichen Domizile vor allem in der Rue d'En-Bas und der Rue de la Baudrairie zu finden sind. Die charakteristischen Maisons à Porches hingegen sind weitgehend aus dem Stadtbild verschwunden. In der Rue de la Poterie sind noch einige dieser Häuser erhalten, deren vorkragende, von Pfeilern getragenen Obergeschosse zusammen einen Laubengang bildeten – eine Art mittelalterlicher Shopping Mall.

Die Festung von Fougères

Fougères, die nördlichste der bretonischen Grenzburgen, kann sich ebenfalls auf einen prominenten Fan berufen. »Am liebsten würde ich jeden fragen: Haben Sie Fougères gesehen?«, äußerte sich der Schriftsteller Victor Hugo (1802–1885) begeistert über den Geburtsort seiner Geliebten Juliette Drouet. Die erste Burg im Flusstal des Nançon wurde im 12. Jahrhundert geschleift, umgehend wieder auf- und während der nächsten vier Jahrhunderte fortlaufend weiter ausgebaut. Am Ende war aus der Dauerbaustelle eine der größten mittelalterlichen Festungen Europas geworden, die sich auf einer Fläche von zwei Hektar ausbreitet. Man betritt die mächtige Burg über eine Brücke über den Nançon. Erste Station ist ein kleiner Vorhof, der von Mauern umschlossen ist. Eine weitere Brücke und eine massive Mauer trennen ihn vom inneren Burghof. Falls auch dieser eingenommen wurde, blieb der Burgbesatzung als letzte Zuflucht noch der Mélusine-Turm mit seinen bis zu vier Meter dicken Mauern.

In der mittelalterlichen Unterstadt zu Füßen der Burg siedelten sich Gerber, Färber und Tuchhändler an. Hübsche Fachwerk- und Granithäuser säumen hier die schmalen Gassen. Mit der Porte Notre-Dame ist noch eines von ursprünglich vier Stadttoren erhalten geblieben. Die wohlhabenderen Bürger ließen sich dagegen in der Oberstadt nieder, wo heute stattliche Stadthäuser aus dem 18. Jahrhundert das Straßenbild dominieren. Ein selbstbewusstes Statement setzten die Bürger mit dem Bau des Beffroi im 14. Jahrhundert: Der markante Turm, in dem einst die Ratsversammlungen stattfanden, ist einer von nur zwei weltlichen Glockentürmen in der gesamten Bretagne.

EIN LEBEN IN BRIEFEN

»Briefe … bleiben sie aus, so schwindet man dahin und kann seine Umwelt kaum ertragen.« Briefe waren für die Marquise Marie de Sévigné (1626–1696) ein wahres Lebenselixier. Ihre eigenen geistreichen, zuweilen auch bissigen Briefe machten sie zu einer der bedeutendsten Schriftstellerinnen der französischen Geschichte. Die jung verwitwete Marquise lebte in Paris, zog sich aber zur Erholung und aus Sparsamkeit immer wieder aufs Land zurück. Im Château des Rochers-Sévigné in Argentré-du-Plessis unweit von Vitré triezte sie die Dienstboten, indem sie akribisch jede Rechnung kontrollierte, schrieb unzählige Briefe und genoss ausgedehnte Spaziergänge in den fantastischen Gärten, die das Schloss umgeben. »Ich gehe viel spazieren, zum einen, weil herrliches Wetter ist, zum anderen, weil ich die kommenden Herbststürme schon vorausahne. So nutze ich wie ein Geizhals, was Gott mir schenkt.«

WEITERE INFORMATIONEN

www.tourisme-chateaubriant.fr,
http://bretagne-vitre.com/,
www.ot-fougeres.fr

Die Zauberin Viviane soll ihre Feen aus dem Wald von Brocéliande nach Essé bei Rennes entsandt haben, um dort in einer Nacht dieses Bauwerk zu errichten (unten). Der »Goldene Baum« im Tal ohne Wiederkehr würdigt die Arbeit der ehrenamtlichen Helfer, die hier nach einem Waldbrand Tausende von Bäumen pflanzten (rechts oben). Im bretonischen Grand Canyon schimmern die Felsen in der Abendsonne rötlich (rechts unten).

5 Im Reich der Märchen – Paimpont und der Wald von Brocéliande

Zwischen Fantasie und Wirklichkeit

Früher bedeckte dichter Wald das gesamte Landesinnere der Bretagne. Eines der letzten großen, zusammenhängenden Waldgebiete ist der Wald von Paimpont, auch Fôret de Brocéliande genannt. Hier, unter dem Blätterdach mächtiger Eichen, soll die Fee Viviane dem legendären Zauberer Merlin den Kopf verdreht und dem verliebten Magier alle seine Geheimisse entlockt haben.

Rund 7000 Hektar umfasst der Wald von Brocéliande – genug Platz also für allerlei Sagen und Legenden. Sogar ein modernes Märchen gibt es zu berichten. Nachdem 1987 bereits ein heftiger Sturm schwere Schäden angerichtet hatte, wütete 1990 auch noch ein verheerender Waldbrand. In der Nähe des Weilers Tréhorenteuc gingen etliche Hektar des Waldgebietes in Flammen auf. Und dann begann die märchenhafte Geschichte von der Rettung des Waldes: Zahlreiche freiwillige Helfer fanden sich ein, räumten auf, sammelten Spenden und pflanzten insgesamt 500 000 neue Bäume. Noch sind die Spuren der Verwüstung zu erkennen, aber die jungen Bäume wachsen heran. Im Val sans Retour (»Tal ohne Wiederkehr«), wo das Feuer besonders heftig wütete, erinnert ein Denkmal an den Einsatz der vielen Helfer. Ein Künstler überzog den verbrannten Stumpf einer Kastanie mit Blattgold. Umgeben von einem Bett aus spitzen Felsstücken leuchtet der Arbre d'Or, der »Goldene Baum«, schon von Weitem zwischen den Stämmen der Bäume hindurch.

Im Tal ohne Wiederkehr

Der Eingang zum Tal ohne Wiederkehr liegt an einem See mit dem vielversprechenden

Namen Miroir aux Fées – »Feenspiegel«. Der Legende zufolge war der Liebhaber der Fee Morgane fremdgegangen. Aus Rache belegte diese das Tal mit einem Bann: Jeder Mann, der schon einmal einen Seitensprung gemacht oder auch nur an einen gedacht hatte, konnte das Tal zwar betreten, fand aber nicht mehr hinaus. Als der edle Ritter Lancelot eines Tages in das Tal kam, saßen dort bereits 40 untreue Männer fest – die der ritterliche Tugendbold umgehend befreite. Gegen so viel Ehrenhaftigkeit war sogar Morgane machtlos.

Der Dichter Chrétien de Troyes (ca. 1140–1190) war der Erste, der den Wald von Brocéliande erfolgreich mit der Artus-Sage verknüpfte. Seine Romane (und die diverser Nachfolger) ebneten einer regelrechten Artuseuphorie den Weg und führten dazu, dass die Legende um den König und seine tapferen Ritter heute in der Region allgegenwärtig ist. So zeigen die Buntglasfenster der kleinen Kirche von Tréhorenteuc Motive aus der Suche nach dem Heiligen Gral, der die Ritter der Tafelrunde ihr Leben weihten.

Mit den eigenen Waffen geschlagen

Die Liebesgeschichte zwischen dem Zauberer Merlin und der Fee Viviane soll an der Fontaine de Barenton in der Nähe des Dorfes Folle Pensée ihren Anfang genommen haben. Der Magier war beim Anblick der Fee wie vom Donner gerührt, schenkte ihr ein Schloss aus Kristall und verriet ihr nach und nach seine Geheimnisse. So gelang es der Fee schließlich, Merlin mit neun magischen Kreisen zu umschließen. Der mächtigste Zauberer der Welt ist seitdem ein Gefangener der Liebe. Das sogenannte Grab Merlins, das bei Saint-Malon-sur-Mel liegt, wäre also gar kein Grab, sondern eher eine Art »Aufenthaltsraum«. Tatsächlich handelt es sich bei den beiden aufrecht stehenden Felsen um die Überbleibsel eines prähistorischen Ganggrabes. Dennoch hinterlassen immer wieder Besucher Zettelchen mit Wünschen, die Merlin ihnen doch bitte erfüllen möge. Gleich nebenan liegt ein Jungbrunnen, in dem das Baden aber leider verboten ist. In Concoret können Artus-Fans sich im Château de Comper per Multimediaschau in die Sagenwelt träumen, und in Paimpont öffnen sich die Portes des Secrets (»Pforten der Geheimnisse«) zu einer umfänglichen Inszenierung der Sagenwelt des Waldes. Am Rande des Waldes von Brocéliande liegt in der Heide von Monteneuf ein Feld mit mehr als 400 Menhiren, von denen 42 eine akkurate Reihe bilden.

DER GRAND CANYON DER BRETAGNE

Zugegeben: So groß wie das Original ist der bretonische Grand Canyon bei Weitem nicht. Doch wenn die Abendsonne die rötlich schimmernden Schieferfelsen dieses tief eingeschnittenen Tals, das »Chambre au Loup« (»Wolfskammer«) genannt wird, zum Leuchten bringt, erinnern die wie gefaltet aussehenden Felsen tatsächlich an das amerikanische Naturwunder. Zwischen dem Wald von Paimpont und der Stadt Rennes hat bei Iffendic die Erosion ein tiefes Tal in den aus vielen Schichten bestehenden Fels gegraben. In der Talsohle, zwischen den bis zu 35 Meter hoch aufragenden Klippen, fließt ein Bach. Einer der Felsen auf dem Bergrücken erinnert in der Dämmerung an die Silhouette eines Wolfs, der den Kopf zum Himmel reckt und heult. Doch solange man in friedlicher Absicht kommt, besteht keine Gefahr – der Sage nach erwacht der Wolf nur dann, wenn Feinde das Land der Kelten angreifen.

WEITERE INFORMATIONEN

http://tourisme-broceliande.bzh, www.valsansretour.com, www.iffendic.fr

Wie ein blaues Band zieht sich der Canal de Nantes à Brest durch das Landesinnere der Bretagne. In Pontivy spiegelt sich diese mit Blumen geschmückte Brücke in seiner Oberfläche.

Der Kanal ist nicht nur bei Freizeitkapitänen beliebt; der gut ausgebaute ehemalige Treidelpfad lädt auch zu ausgedehnten Radtouren ein (oben). Bei Châteaulin quert diese schöne Bogenbrücke den Kanal, der im Bett der Aulne verläuft (rechts).

6 Schiff, ahoi – Der Canal de Nantes à Brest

Per Hausboot oder Rad durch das Herz der Bretagne

Napoleon war angetan von der Idee: Ein Kanal, der Nantes – damals noch Hauptstadt der Bretagne – mit dem wichtigen Hafen Brest verbindet! Für den Güterverkehr wurde die Wasserstraße nur wenige Jahrzehnte genutzt, bevor ihr die Eisenbahn den Rang ablief. Heute genießen Hausbootkapitäne das entschleunigte Reisen auf dem Kanal, Wanderer und Radler bevölkern den Treidelpfad am Ufer.

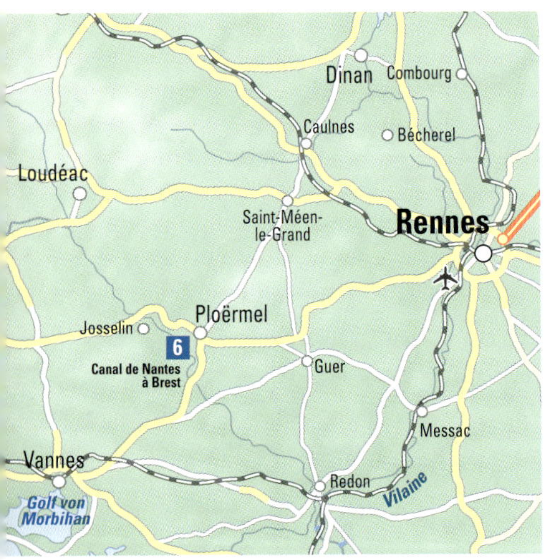

Der erste Spatenstich für das ehrgeizige Projekt wurde 1806 getan, doch bis der Kanal schließlich auf ganzer Länge schiffbar war, sollte es noch ganze 36 Jahre dauern. In dieser Zeit wurden insgesamt acht Flüsse kanalisiert und drei Berge gequert. Auf insgesamt 364 Kilometern Länge waren 555 Höhenmeter zu bewältigen – dafür wurden sage und schreibe 238 Schleusen gebaut, dazu etliche Schleusenwärterhäuschen und diverse Wasserreservoirs, um den Wasserstand regeln zu können. Auf der Kanalbaustelle schufteten neben Bauarbeitern auch Straf- und später Kriegsgefangene. Der bretonische Landadelige, der als Erster auf die Kanalidee verfiel, hatte damit in erster Linie der wirtschaftlichen Entwicklung im Landesinneren auf die Sprünge helfen wollen: Indem man die entsprechende Infrastruktur schuf, so hoffte er, könnte man den landwirtschaftlichen Erzeugnissen, dem Holz aus den Wäldern und dem Schiefer aus den Steinbrüchen größere Märkte erschließen. Daneben würde sein Vorhaben, das François-Joseph de Kersauson Mitte des 18. Jahrhunderts in die bretonische Ständeversammlung einbrachte, auch strategische Vorteile haben. Seinerzeit stießen seine Ideen noch auf taube Ohren, doch einige Jahrzehnte später, als britische Schiffe bretonische Häfen blockierten, rückte das Projekt auf der Agenda ganz nach oben.

Im Yachthafen von Nantes ermöglicht diese filigrane Brücke auch größeren Schiffen die Passage.

Entwicklungshilfe für das Landesinnere

Als das Mammutprojekt 1842 fertiggestellt war, florierte die Flussschifffahrt – jedoch nur wenige Jahrzehnte lang. Um die Jahrhundertwende erwuchs den schwerfälligen, bis zu 25 Meter langen Lastkähnen, die langsam eine Schleuse nach der anderen passierten, in Gestalt der Eisenbahn eine schnellere und billigere Konkurrenz. Wenige Jahre nach dem Ende des Ersten Weltkriegs war der Kanal als Transportweg bereits so unbedeutend, dass man ihn 1930 durch die Anlage des Stausees Lac de Guerlédan kurzerhand in zwei unverbundene Abschnitte unterteilte. In dem neuen See versanken auch 18 der ursprünglichen Kanalschleusen. Mitte der 1970er-Jahre transportierte zum letzten Mal ein Schiff Fracht über den Kanal. Dann wurde es still um die Wasserstraße, bis sie rund zwanzig Jahre später als Touristenattraktion neu entdeckt wurde. Heute sind die Schleusen instandgesetzt, aus einigen der alten Schleusenwärterhäuschen wurden Cafés oder Ferienunterkünfte. Hausboot-, Kanu- und Fahrradverleiher bieten ihre Dienste an. Auch Planwagenfahrten und geführte Eselwanderungen auf dem Treidelpfad gehören zum Programm. Seinen ursprünglichen Zweck, die Wirtschaft im Landesinneren zu beleben, hat der Kanal also am Ende doch noch erfüllt.

Nantes, die ehemalige Hauptstadt

Die Trasse des Kanals nimmt ihren Anfang an der Schleuse Saint-Félix in Nantes, nur einen Spaziergang von der Innenstadt und dem Schloss der bretonischen Herzöge entfernt, in dem die bis heute hochverehrte Herzogin Anne de Bretagne (1477–1514) das Licht der Welt erblickte. Ihr Vater François II (1435–1488) machte Nantes 1458 zur Hauptstadt seines unabhängigen Herzogtums Bretagne. Mehr als fünfhundert Jahre lang wurden von hier aus die Geschicke der Region gelenkt. Doch im Zuge einer viel kritisierten Gebietsreform wurde die ehemalige Hauptstadt samt ihrem Umland 1941 von der Bretagne abgetrennt und gehört seitdem zum Département Loire-Atlantique. Die 1443 begonnene und erst 450 Jahre später vollendete gotische Kathedrale Saint-Pierre-et-Saint-Paul ist zweifellos einer Hauptstadt würdig: Ihr Hauptschiff überflügelt mit einer Höhe von 37,5 Metern sogar die Kathedrale Notre-Dame in Paris. Im Inneren befindet sich ein schönes marmornes Grabmal, das Anne de Bretagne für ihre Eltern errichten ließ. Das Schloss der bretonischen Herzöge diente nach dem Verlust der bretonischen Unabhängigkeit den französischen Königen als Residenz. Im Jahr 1598 unterzeichnete Henri IV (1553–1610) hier das Edikt von Nantes, das den Protestanten erstmals volle Bürgerrechte einräumte. Auf dem kleinen Platz vor dem Eingang zum Schloss steht eine Statue von Anne de Bretagne. Die legendäre Herzogin ist hier sehr volkstümlich und nahbar dargestellt, fast wie eine Bürgersfrau, die gerade vom Einkaufen kommt.

Zu Beginn des 18. Jahrhunderts war Nantes der bedeutendste Hafen Frankreichs. Die Reeder verdienten prächtig am sogenannten Dreieckshandel: Ihre Schiffe fuhren erst nach Afrika, wo sie Sklaven an Bord nahmen und nach Amerika transportierten. Von dort kehrten sie dann mit Zucker, Kaffee und Tabak beladen zurück. Heute erinnert ein Denkmal am Quai de la Fosse an die Abschaffung der Sklaverei. Die 1843 eröffnete Passage Pommeraye, eine elegante Einkaufspassage nach Pariser Vorbild, verbindet den Hafen mit dem Theaterviertel, wo vis-à-vis des Theaters die legendäre, verschwenderisch dekorierte Brasserie La Cigale einen Abstecher wert ist. Auch dem ehemaligen Werftdistrikt auf der Île de Nantes sollte man unbedingt einen Besuch abstatten. In den riesigen Hallen hat sich mit den »Machines de l'Île« ein höchst ungewöhnliches Kunstprojekt angesiedelt: Riesige mechanische Figuren entstehen hier. Publikumsliebling ist ein zwölf Meter hoher Elefant, der auf seinem Rücken Passagiere über das Gelände befördert.

Karneval, Kunsthandwerk und Kosmetik

Die erste Etappe auf dem Weg entlang des Kanals ist Blain. Das dortige, ab dem 11. Jahrhundert erbaute Château de la Groulais ließ Kardinal Richelieu (1585–1642) 1629 teilweise schleifen. Seitdem ist es quasi zweigeteilt. Jedes Jahr im September findet hier ein großes Mittelalterfest statt. Ein weiterer Höhepunkt des Jahres ist das fünftägige Fest »Saint-Laurent«, das seit 1875 immer Anfang August gefeiert wird. Wenn beim sonntäglichen Festumzug bunte Motivwagen sowie Musik- und Tanzgruppen durch den Ort ziehen, fühlt man sich fast wie im rheinischen Karneval.

In Redon kreuzt der Kanal den Flusslauf der Vilaine. Die Stadt war bereits vor dem Bau des

Manche Durchfahrten sind Millimeterarbeit (oben). Das hübsche Städtchen Redon war einst ein bedeutender Verkehrsknotenpunkt (unten).

Wie ein Gebirge aus Granit erhebt sich die Festung von Josselin über dem Kanal (unten). Das hübsche Malestroit liegt in einer Schleife des Flusses Oust (rechts oben). Beim alljährlichen Open-Air-Foto-Festival wird in La Gacilly unter freiem Himmel internationale Fotokunst gezeigt (rechts unten).

Kanals ein wichtiger Verkehrsknotenpunkt und bis ins 18. Jahrhundert hinein ein florierender Hafen. Die vier Arme des bretonischen Jakobspilgerwegs vereinigen sich hier zu einem einzigen. Um die Jahrhundertwende wurde mit der Ankunft der Eisenbahn der Bau einer Drehbrücke notwendig: Tagsüber überquerten darauf Züge, Fahrzeuge und Fußgänger den Fluss, nachts stand sie offen, um Frachtschiffen die Durchfahrt zu ermöglichen. Das im 9. Jahrhundert begründete Benediktinerkloster Saint-Sauveur war im Mittelalter eines der größten der Bretagne; von seinen Einkünften profitierte Kardinal Richelieu als weltlicher Abt.

Für Kletterer sind die felsigen Ufer des Kanalabschnitts bei Saint-Vincent-sur-Oust eine willkommene Herausforderung. Ein Stückchen weiter empfiehlt sich ein Abstecher nach La Gacilly; Freizeitkapitäne schippern dafür einfach den Fluss Aff hinauf. Das Unternehmen Yves Rocher unterhält hier Produktionsstätten für Pflanzen- und Naturkosmetik, ein Öko-Spa-Hotel und einen botanischen Garten mit über 1100 Pflanzenarten. Der Gründer Yves Rocher (1930–2009) lenkte von 1962 bis 2008 als Bürgermeister die Geschicke seiner Heimatstadt. In den blumengeschmückten Gassen des alten Ortskerns haben sich zahlreiche Kunsthandwerker angesiedelt.

Ein musikalischer Hase und ein launiger Kardinal

Die Goldmünzen, die im Stadtwappen von Malestroit prangen, erinnern an die »goldenen Jahre« im Mittelalter, als das Städtchen an einer Flussschleife des Oust durch den Handel reich wurde. Rund um die schöne Place du Bouffay reihen sich zahlreiche stattliche Häuser. Die Fassade des Hauses Nr. 3 schmücken ausgefallene Schnitzereien: Ein Hase spielt Dudelsack und eine Sau hantiert mit einem Spinnrocken. Als Nächstes streift der Kanal den Stadtrand von Ploërmel; ein Abstecher in die Altstadt lohnt sich. Die Hauptattraktionen des Städtchens sind das figurenreiche Nordportal der ab dem 15. Jahrhundert errichteten Kirche Saint-Armel und die astronomische Uhr aus dem Jahr 1855. Ihre zehn Zifferblätter zeigen nicht nur Uhrzeit, Tag und Monat, sondern auch den Stand der Sonne und anderer Gestirne an.

Nähert man sich der Stadt Josselin, tauchen als Erstes die Türme der Burg drohend am Ufer auf. Die Adelsfamilie Rohan zählte zu den einflussreichsten Familien der Bretagne. »Roi ne

puis, Prince ne daigne, Rohan suis«, so lautete der Rohan'sche Wahlspruch: »König kann ich nicht sein. Prinz zu sein ist unter meiner Würde. Ich bin ein Rohan.« Immer wieder legten sich die bretonischen Sturköpfe mit den amtierenden Herrschern an. Zur Strafe wurde ihr Château mehrmals zerstört. Über eine solche Strafaktion, bei der im Jahr 1629 sechs der neun Schlosstürme geschleift wurden, informierte Kardinal Richelieu den Schlossherrn höchstpersönlich – mit dem launigen Spruch, er habe soeben einen guten Treffer im Kegelspiel der Rohans gelandet. Die spätgotische Basilika Notre-Dame du Roncier wurde ab dem 11. Jahrhundert ursprünglich zu Ehren einer wundertätigen Marienstatue errichtet, die während der Französischen Revolution zerstört wurde. Die Heide zwischen Josselin und Ploërmel war während des bretonischen Erbfolgekrieges Schauplatz des berühmten »Kampfs der Dreißig«. Dabei traten am 26. März 1351 stellvertretend für jede der beiden Kriegsparteien je dreißig Ritter zum Kampf an; die Schlacht dauerte den ganzen Tag.

Eine Schleuse nach der anderen

Vorbei an der beeindruckenden Zisterzienserabtei Notre-Dame de Timadeuc (1841) bei Bréhan geht die Fahrt weiter ins beschauliche Dörfchen Rohan, aus dem die Schlossherren von Josselin ursprünglich stammten. Kurz hinter dem Ort beginnt die beeindruckende Schleusentreppe, die den Oust mit dem Blavet verbindet. Auf dem 24 Kilometer langen Abschnitt zwischen Rohan und Pontivy überwindet die Wasserstraße mithilfe von 56 Schleusen einen Höhenunterschied von 70 Metern. Ab Pontivy verläuft der Kanal dann im Flussbett des Blavet.

Unweit der Staumauer, die den Lac de Guerlédan aufstaut, liegt der hübsche Ort Mûr-de-Bretagne; der Maler Jean-Baptiste Corot (1796–1875) verewigte hier die kleine, von alten Eichen umstandene Kapelle Saint-Suzanne. Jenseits des Stausees folgt der Kanal weiter dem Blavet und passiert dabei die Ruine der ehemaligen Zisterziensermönchsabtei Bon-Repos, der engagierte Ehrenamtler Stück für Stück zu neuem Glanz verhelfen.

FOTOKUNST UNTER FREIEM HIMMEL

Das größte Open-Air-Foto-Festival Europas findet seit 2004 jedes Jahr im Sommer in La Gacilly statt. Unter der Überschrift »Peuples et Nature«, »Völker und Natur«, verwandelt sich dann der ganze Ort in eine Freiluftgalerie. Entlang der Straßen, in Gärten und Parks werden riesige Fotos präsentiert. Vier Monate lang, von Juni bis September, können Besucher kostenlos die beeindruckenden Bilder bestaunen, die sich bunt von den Fassaden der Häuser abheben. Auch in der Maison de la Photographie gibt es Ausstellungen zu entdecken. Die Umweltstiftung Fondation Yves Rocher unterstützt Umweltschutzprojekte weltweit. Darum dreht sich auch beim Fotofestival in Yves Rochers Heimatstadt thematisch alles um die Beziehung zwischen Mensch und Umwelt. In den Jahren seines Bestehens hat das Festival bereits mehr als 200 internationale Fotografen und weit über zwei Millionen Besucher angezogen.

WEITERE INFORMATIONEN

www.festivalphoto-lagacilly.com, www.nantes-tourisme.com, www.lesmachines-nantes.fr, www.tourisme-pays-redon.com, www.josselin-tourisme.com, www.guerledan.info

Der neuzeitliche Teil von Pontivy wurde unter napoleonischer Herrschaft als moderne Garnisonsstadt auf dem Reißbrett geplant (oben). Die Kapelle Saint-Gildas schmiegt sich im Tal des Blavet unter einen Felsen (rechts unten). Die heidnische Venus von Quinipily wurde auf kirchlichen Befehl mehrmals im Fluss versenkt, bevor man ihr in Baud Unterschlupf gewährte (rechts oben).

7 Im Land der Kapellen – Pontivy und das Tal des Blavet

Die Stadt, mit der Napoleon sich ein Denkmal setzte

Pontivy – das sind gleich zwei Städte in einer. Da gibt es zum einen die mittelalterliche Altstadt, die sich um die wehrhafte Festung mit den beiden markanten Rundtürmen gruppiert, und zum anderen gleich daneben das ehemalige Napoléonville. Die Stadt mit streng gitterförmigem Grundraster ließ Napoleon Bonaparte innerhalb eines Vierteljahrhunderts aus dem Boden stampfen.

Wie so viele bretonische Städte führt auch Pontivy seine Gründung auf einen Heiligen zurück. In diesem Fall war es der heilige Yvi, der im 6. Jahrhundert die gute Idee hatte, neben seiner Einsiedelei eine Brücke (französisch: *pont*) über den Blavet zu schlagen. Bald kam ein Kloster hinzu, dann eine kleine Stadt und schließlich, im 15. Jahrhundert, eine Burg, die Burg der Rohans. In den gewundenen Gassen der Altstadt und rund um die Place du Martray reihen sich mittelalterliche Fachwerkhäuser mit sorgfältig gearbeiteten Fassaden – die Stadt war durch die Leder- und Tuchherstellung zu beträchtlichem Wohlstand gekommen.

Napoleons Retortenstadt

Zu der finanziellen gesellte sich auch eine gewisse geistige Unabhängigkeit: So war Pontivy eine protestantische Enklave inmitten der zutiefst katholischen Bretagne. Und als sich während der Französischen Revolution die Bretonen rasch auf der Seite der Königstreuen verorteten und die Untergrundbewegung der Chouans bewaffneten Widerstand leistete, hieß Pontivy 1790 die Revolutionsräte aus 203 Städten enthusiastisch willkommen. So viel revolutionäre Begeisterung muss belohnt werden, mag sich Napoleon gedacht haben. Auch dass die Stadt etwa auf halber Strecke des geplanten Canal de Nantes à Brest und

etwa gleich weit von der Nord- und Südküste der Bretagne und den Städten Brest und Rennes entfernt lag, qualifizierte sie offenbar für höhere Weihen. Bereits am 9. November 1804 (bzw. am 18. Brumaire des Jahres XII der Französischen Revolution) wurde ihr Name in Napoléonville geändert. Nach dem Sturz Napoleons I. hieß sie wieder Pontivy, vom 9. März bis Ende Juni 1815 und erneut vom 15. April 1852 bis 21. Oktober 1870 dann noch einmal Napoléonville.
Ab 1807 entstand auf Napoleons Geheiß neben der verwinkelten Altstadt eine für die damalige Zeit hochmoderne neue Stadtanlage: Die schnurgeraden Straßen säumen gleichförmige neoklassizistische Gebäude. Eine Kaserne wurde gebaut, ein Gericht, ein Rathaus, eine Oberschule, ein Gefängnis (das 1960 abgerissen wurde) und ein Hospital. Großzügige Promenaden entstanden, die nach den Siegen des Kaisers benannt wurden. Und was bei einem Bauherrn wie Napoleon natürlich auch nicht fehlen durfte: ein gigantischer Exerzierplatz, der allein 15 000 Quadratmeter groß ist. Dieser La Plaine (»die Ebene«) genannte Platz fasste bis zu 10 000 Mann. Bis 1927 fanden hier die Paraden der Garnisonen aus der nahe liegenden Kaserne statt.

Kunst in den Kapellen

In der grünen Landschaft rund um Pontivy gibt es eine Vielzahl ländlicher Kapellen. Viele von ihnen sind die meiste Zeit geschlossen, öffnen aber im Sommer ihre Türen für eine Ausstellung moderner Kunst, die die Vereinigung L'Art dans les chapelles (»Kunst in den Kapellen«) seit 1992 organisiert. Auch wenn viele der Kirchlein auf den ersten Blick bescheiden wirken, lohnt sich doch häufig ein Blick ins Innere: Häufig haben sie schön getäfelte und bemalte Decken. Sehr hübsch ist beispielsweise bei Noyal-Pontivy die Kapelle Sainte-Noyale aus dem 15. Jahrhundert, deren Kirchturmspitze an eine Pagode erinnert. In der Wallfahrtskirche Notre-Dame de Quelven aus dem 15. Jahrhundert gibt es eine seltene aufklappbare Madonnenstatue aus dem 16. Jahrhundert zu bewundern, im Kirchhof eine Scala Santa mit zwei Treppenläufen aus dem 18. Jahrhundert.
Nicht versäumen sollte man das landschaftlich reizvolle Blavet-Tal. Bei Saint-Nicolas-des-Eaux beschreibt der Fluss eine große Schleife. Einen Besuch wert ist auch ist die Eremitage Saint-Gildas in Bieuzy-les-Eaux, eine kleine Kapelle, die sich unter einen riesigen Felsbrocken duckt.

HEIDNISCHE FAMILIENPLANUNG

Im ehemaligen Park des längst verschwundenen Schlosses von Quinipily bei Baud steht oberhalb eines Brunnenhauses die rätselhaft lächelnde Venus von Quinipily. Die über zwei Meter große Frauengestalt mit den unter der Brust verschränkten Armen stand bis ins 17. Jahrhundert im 15 Kilometer entfernten Castennec. Die strenge Schönheit hatte seit jeher den Ruf, die Fruchtbarkeit zu fördern. Darum rieben Frauen, die schwanger werden wollten, ihren Bauch an der steinernen Figur. Solch heidnische Sitten wollte der Bischof von Vannes in seinem Sprengel jedoch nicht dulden und ließ die Statue in den Blavet werfen. Doch kurze Zeit später hatten die Bauern sie wieder herausgefischt. Dieses Spiel wiederholte sich einige Male. Schließlich gewährte der Schlossherr von Quinipily der Statue Asyl in seinem Park – die Kirche bestand allerdings darauf, der ursprünglich Nackten durch Steinmetze etwas anziehen zu lassen.

WEITERE INFORMATIONEN

www.pays-pontivy.fr,
www.artchapelles.com,
www.tourisme-pontivycommunaute.com

8 Im Schatten alter Bäume – der Wald von Huelgoat

Wo Tristan und Isolde Händchen hielten

Huelgoat bedeutet »hoher Wald«, und ein solcher erstreckte sich einst durch das gesamte Landesinnere der Bretagne. Ein Großteil davon ist längst verschwunden. Der Wald von Huelgoat aber hat Abholzung, Waldbränden und Stürmen getrotzt. Ob da Zauberei im Spiel ist? Immerhin ist es in diesem Wald ja auch möglich, einen 100 Tonnen schweren Felsen mit dem kleinen Finger ins Wanken zu bringen.

Wann ist der Wald von Huelgoat am schönsten? Im Herbst, wenn sich die Blätter golden verfärben? Im Frühjahr, wenn das erste zarte Grün sich an den kahlen Ästen zeigt? Hier hat jede Jahreszeit ihren ganz eigenen Reiz … Das Städtchen, das den gleichen Namen wie der Wald trägt, lebte einst vom Bergbau. Es liegt am Ufer eines spiegelnden Sees, aus dem sich die Rivière d'Argent (»Silberfluss«) speist. Wer diesem Wasserlauf folgt, betritt das Reich der Legenden.

Die Mühle im Chaos

An der Uferpromenade am Waldrand steht das älteste Gebäude von Huelgoat, die Moulin du Chaos, über deren Tür die Jahreszahl 1339 zu lesen ist. Sie verdankt ihren Namen einer beeindruckenden Ansammlung von Felsblöcken, durch die sich die Rivière d'Argent ihren Weg sucht. Ein Pfad führt an diesem »Chaos du Moulin« vorbei in den Wald hinein. Der Legende zufolge soll der Riese Gargantua das malerische Durcheinander angerichtet haben: Als er, hungrig von einer langen Wanderung, in Huelgoat um etwas zu essen bat, setzten ihm die Dörfler lediglich eine Schüssel Buchweizengrütze vor. Der hungrige Riese verschmähte den faden Brei. Als er sich verärgert von dannen machte, klaubte er im Gehen immer wieder Steine auf und schleuderte sie in

Die alte Wassermühle von Huelgoat, die »Chaos-Mühle«, verdankt ihren Namen dem »Mühlen-Chaos«, einem wilden Durcheinander von Felsbrocken (unten). Ein Stückchen weiter ist der Weg zur Hölle ausgeschildert: Hier geht's zur Teufelsgrotte (rechts oben).

die Richtung des ungastlichen Dorfs. Praktischerweise gruppierten sich die Brocken sehr pittoresk im Bett des Silberflusses und bilden heute den Auftakt zu einer im wahrsten Sinne des Wortes sagenhaften Wanderung.
Metallene Stufen führen ein Stück weiter hinab in die Grotte du Diable (»Teufelsgrotte«), in der es unheimlich gurgelt und braust. Hier soll ein Schatz versteckt sein, sagen die einen. Hier befindet sich der Einstieg zur Hölle, sagen die anderen. Wer sich selbst ein Bild machen möchte, sollte auf jeden Fall feste Schuhe anziehen – die Stufen sind oft feucht und rutschig. Ist man der Unterwelt wieder entstiegen, ist es Zeit für eine Kraftprobe. Es gilt, den gut 100 Tonnen schweren »Schaukelstein«, die Roche tremblante, in Bewegung zu versetzen. Zwei unscheinbare Vertiefungen markieren die Stelle, wo man anfassen muss, um das Kunststück mit überschaubarem Kraftaufwand zu vollbringen.

Im Haushalt der Jungfrau Maria

Bei allem gebotenen Respekt: Besonders gemütlich hatte es die Jungfrau Maria nicht, wenn sie, wie es die Legende behauptet, ein Stückchen weiter entlang des Silberflusses gewohnt hat. Der Haushalt der Gottesmutter ist zwar mit allerhand Requisiten – Kessel, Gabel, Bett und Regenschirm – ausgestattet. Aber zum einen braucht man schon etwas Fantasie, um alle diese Gegenstände in den unterschiedlich geformten Steinen zu erkennen, und zum anderen ist das Domizil doch recht zugig.
Ein Stück weiter gabelt sich der Weg. Der untere, am Bach entlang, trägt den hübschen Namen Allée Violette, der obere heißt Chemin des Amoureux. Auf diesem »Pfad der Verliebten« sollen einst Tristan und Isolde entlangspaziert sein, nachdem sie sich außerplanmäßig ineinander verliebt hatten. Ursprünglich sollte Tristan Isolde ja zu seinem Onkel Marke bringen, der sie zu heiraten beabsichtigte. Als die zwei aber unterwegs irrtümlich von einem Liebestrank naschten, war es um sie geschehen …
Wer nach weiteren Mythen sucht, wandert bergauf zum Camp d'Artus, wo der Sagenkönig angeblich bei den Überresten eines Keltenwalls sein Heerlager hatte. Tiefer im Wald liegt Le Gouffre – in diesem »Höllenschlund« stürzt das Wasser rund zehn Meter in die Tiefe. Angeblich ist es manchmal rot gefärbt, weil die böse Fee Dahut hier ihre abgelegten Liebhaber zu entsorgen pflegte …

NATURSCHUTZ LIGHT

Der Wald von Huelgoat ist Teil des Parc Naturel Régional de l'Armorique, der sich in bretonischer Sprache »Park an Arvorig« nennt. In regionalen Naturparks stehen Flora und Fauna sowie das kulturelle Erbe unter Schutz; die Auflagen und Nutzungseinschränkungen sind jedoch nicht so umfassend wie in einem Naturschutzgebiet und lassen beispielsweise eine landwirtschaftliche Nutzung zu. Der 1969 eingerichtete Park war die zweite derartige Schutzzone in ganz Frankreich und die erste in der Bretagne. Er erstreckt sich auf 125 000 Hektar von den Höhenzügen der Monts d'Arrée und dem Tal der Aulne bis zur Halbinsel Crozon und den Inseln im Mer d'Iroise. Zu seiner Fläche gehören auch rund 60.000 Hektar Meeresfläche. Insgesamt leben auf dem Gebiet des Parks rund 65.000 Menschen in 44 Kommunen.

WEITERE INFORMATIONEN

http://carhaixpohertourisme.bzh/fr,
www.pnr-armorique.fr/

Der Norden

Austern, Korsaren und rosa Felsen

Liegeplatz mit Aussicht: Der Sportboothafen von Saint-Malo liegt gleich neben der Stadtmauer, die die Altstadt umschließt (links). Austern aus Cancale stehen bei Feinschmeckern hoch im Kurs (oben rechts). Frische Meeresfrüchte servieren auch viele Restaurants in der Altstadt von Saint-Malo (unten rechts).

Schlanke Säulenpaare umgeben den Kreuzgang des Klosters auf dem Mont-Saint-Michel (oben). Hoch oben über dem Klosterberg glänzt die goldene Statue des Erzengels Michael (rechts).

9 Ein frommes Werk – der Mont-Saint-Michel

Eine »Pyramide der Meere«

Es mutet beinahe wie ein Wunder an, was von Menschenhand im Laufe der Jahrhunderte auf einem vom Meer umspülten Felssporn inmitten einer weiten Bucht erschaffen wurde. Kirchen, Kapellen, Klostergebäude türmen sich bis in schwindelnde Höhen auf, und über allem thront die vergoldete Statue des Erzengels Michael, des Namensgebers und Patrons dieses Wunderwerks.

Sowohl die Bretagne als auch die Normandie melden Ansprüche auf die »Pyramide der Meere« an. Der Grund: Das Flüsschen Couesnon, das die Grenze zwischen den beiden Regionen markiert, hat seinen Verlauf geändert. So wurde aus dem ursprünglich bretonischen Mont-Saint-Michel durch eine Laune der Natur ein Normanne – sehr zum Leidwesen der Bretonen ... Mehr als 2,5 Millionen Besucher pro Jahr zählt der Klosterberg, der seit 1979 mitsamt der umliegenden Bucht zum UNESCO-Weltkulturerbe zählt. Das Gedränge ist vor allem im Sommer groß. Doch sehr frühe und sehr späte Besucher haben gute Chancen, hie und da ein stilles, beinahe menschenleeres Eckchen zu finden und eine Ahnung von der ursprünglichen sakralen Bestimmung dieses Ortes zu spüren. Im Sommer sind auch nächtliche Besuche möglich.

In der Bucht des Mont-Saint-Michel herrscht der stärkste Tidenhub an der französischen Küste: Zwischen Ebbe und Flut kann sich der Wasserstand um bis zu 14 Meter verändern. Bei Ebbe ragt der Klosterfelsen wie ein Berg aus dem Watt empor. Zwischen Schlickfeldern und Flächen mit Treibsand ziehen sich tiefe Priele durch den Grund, die sich bei auflaufender Flut rasend schnell mit Wasser füllen.

Mittelalterliche Häuser säumen die Grande Rue, die einzige Straße auf der Klosterinsel (unten). Eine moderne Stelzenbrücke verbindet den Mont-Saint-Michel mit dem Festland (rechts oben). Die mächtige gotische Kathedrale von Dol-de-Bretagne ist dem heiligen Samson geweiht (rechts unten).

Man sagt, die Flut ströme rascher heran als ein galoppierendes Pferd. Wer sich ohne einen erfahrenen Führer ins Watt wagt, kann schnell in Lebensgefahr geraten.

Der Wunsch des Erzengels

Im Jahr 708, so erzählt es die Legende, erschien der Erzengel Michael dem Bischof Aubert von Avranches, und äußerte den Wunsch nach einer ihm geweihten Kapelle. Auch einen Standort dafür hatte der himmlische Auftraggeber bereits ins Auge gefasst: jenen Granitfelsen nämlich, der seinerzeit noch den Namen Mont Tombe (»Grabberg«) trug. Als Aubert zunächst zögerte, soll der Erzengel handgreiflich geworden sein, bis der Bischof schließlich nachgab. Bald machten Berichte von Wundern die Runde, und Pilger strömten herbei. Im 10. Jahrhundert wurde auf dem Felsen ein Benediktinerkloster gegründet, das schon bald als Hort der Gelehrsamkeit galt. Doch 1204 geriet der Klosterberg zwischen die Fronten, als der Herzog der Normandie und der französische König sich bekriegten. Das Kloster ging in Flammen auf. Der Monarch ließ sich jedoch nicht lumpen und finanzierte den Wiederaufbau. Der Felsen wurde für die nächsten Jahrhunderte zur Dauerbaustelle. Dank großzügiger Zuwendungen des Adels und des nicht abreißenden Stroms von Pilgern verfügte das Kloster über die nötigen Mittel, den Ausbau des Felsens zum viel bestaunten »Wunder des Okzidents« voranzutreiben. Geschützt durch die Lage im Meer und die beeindruckenden Befestigungsanlagen, trotzte der Mont-Saint-Michel auch der Belagerung durch englische Truppen während des Hundertjährigen Krieges (1337–1453).

Der Niedergang begann im 16. Jahrhundert. Ab 1516 wurden die Äbte nicht mehr von den Mönchen gewählt, sondern vom König eingesetzt. Der bewies dabei keine sonderlich glückliche Hand. Misswirtschaft und Korruption schlichen sich ein. Die Klostergebäude verfielen. Die Zahl der Mönche ging zurück, bis zur Zeit der Französischen Revolution nur noch eine Handvoll Brüder auf dem Mont-Saint-Michel ausharrte. Aus dem Kloster wurde ein Gefängnis, in dem auch politische Gefangene eingesperrt wurden. Künstler, allen voran der Dichter Victor Hugo (1802-1885), protestierten gegen diesen unwürdigen Umgang mit dem kulturellen Erbe – mit Erfolg: 1863 wurde das Gefängnis geschlossen. 1874 wurde der Mont-Saint-Michel unter Denkmalschutz gestellt und aufwendig restauriert. Doch es sollte fast 100 Jahre dauern, bis 1969 wieder Mönche auf den Klosterfelsen zurückkehrten.

Dem Himmel so nah

Wer den Mont-Saint-Michel betreten möchte, muss zunächst drei hintereinanderliegende Tore passieren: die Porte de l'Anvancée, die Porte du Boulevard und die Porte du Roi mit ihrem Fallgitter. An der dahinterliegenden Grande Rue warten wie schon zu Zeiten der Pilger auch heute noch Lokale und Andenkenläden auf Kundschaft. Der Bau des Klosterkomplexes stellte die Mönche vor eine Herausforderung. Traditionell gruppierten sich in benediktinischen Klosteranlagen die Nebengebäude um das eigentliche Kloster herum. Die Topografie der Insel zwang die Mönche jedoch, statt in die Breite in die Höhe zu bauen. Die Klosterkirche erhebt sich auf dem Gipfel des Berges, westlich liegt die romanische Abtei und im Norden der dreigeschossige gotische Klosterbau La Merveille (»das Wunder«). Die unterste Ebene bilden Vorratskammern, Krypten, der Almosensaal und die präromanische Kirche Notre-Dame-sous-Terre (»Notre-Dame unter der Erde«) aus dem 10. Jahrhundert. Darüber liegen der Wandelsaal der Mönche, die Kapelle der 30 Kerzen, die frühromanische St.-Martins-Kapelle, die Krypta der dicken Pfeiler, ein Ritter- und ein Gästesaal. Die oberste Ebene umfasst den Kreuzgang, das Refektorium, das Brunnenhaus, das Dormitorium und die Abteikirche selbst, auf deren Turmspitze eine vergoldete Statue des Erzengels thront.

Wasser marsch!

Ursprünglich war der Mont-Saint-Michel nur bei Ebbe zu erreichen, bis ab 1879 ein Damm den Felsen mit dem Festland verband. Dieser Damm und die später daneben angelegten Parkplätze behinderten jedoch die Meeresströmungen. Die Bucht, in die insgesamt drei Flüsse jährlich bis zu 700 000 Kubikmeter Sediment spülen, drohte zu versanden. Deshalb wurde der alte Damm abgetragen und in der Mündung des Couesnon ein Gezeitendamm angelegt. Er lässt das bei Flut aufgestaute Wasser bei Ebbe wieder ab und trägt so dazu bei, dass Sand und andere Ablagerungen aus der Bucht abtransportiert werden. Auf dem Festland wurden neue Parkplätze und ein Infozentrum angelegt. Von hier aus bringen Pendelbusse die Besucher vom Festland zur Insel. Eine 760 Meter lange Pfahlbrücke auf Stelzen führt hinüber zum Klosterberg. Sie endet auf einem vorgelagerten Bereich, der zeitweilig überflutet wird – auf diese Weise wird der Mont-Saint-Michel jedes Jahr für einige Stunden tatsächlich wieder zu einer richtigen Insel.

DIE GEHEIMNISSE DER KATHEDRALEN

Gleich gegenüber der Kathedrale von Dol-de-Bretagne lädt das Museum Cathédraloscope ein, das Leben und die Welt der Kathedralen-Baumeister zu erkunden. Was trieb die Erschaffer dieser beeindruckenden Bauwerke an? Wie wurde ein solcher Monumentalbau geplant und berechnet? Welche Hilfsmittel standen den Baumeistern früherer Zeiten zur Verfügung? In elf Räumen werden viele Geheimnisse rund um den Bau der gotischen Kathedralen gelüftet. Kunstvolle Modelle verdeutlichen die Konstruktionsprinzipien, und auch die Bedeutung der zahlreichen verwendeten Symbole wird erklärt. Die Kathedralen selbst sollten als Sinnbild das Himmlische Jerusalem auf Erden verkörpern, doch auch in zahlreichen Details der Ausschmückung und der Fenster verbergen sich für den, der sie zu deuten weiß, versteckte Botschaften. Auch die Rolle der Kirche als Auftraggeberin und Bauherrin wird kenntnisreich erläutert.

WEITERE INFORMATIONEN:
www.cathedraloscope.com,
www.bienvenueaumontsaintmichel.com/de

Wie ein steinernes Schiff ragt die Altstadt von Saint-Malo aus dem Wasser empor (oben), ringsum umschlossen von einer beeindruckenden Stadtmauer (rechts oben). An den Gassen und Plätzen im historischen Stadtkern gibt es einladende Restaurants und Geschäfte (rechts unten).

10 Eine alte Hafen- und Festungsstadt – Saint-Malo

Ehrenwerte Seeräuber

Viele Jahrhunderte lang galt Saint-Malo als absolut uneinnehmbar: Auf drei Seiten vom Meer und rundherum von einer hohen Stadtmauer umgeben, trotzte die Hafenstadt an der Mündung der Rance jeder Gefahr. Ihren stolzen Bewohnern eilte der Ruf voraus, exzellente Seeleute zu sein. Einige der besten und wagemutigsten verbreiteten allerdings als Korsaren Angst und Schrecken.

Am Quai Dugay-Trouin, gleich außerhalb der historischen Altstadt, schaukelt der Dreimaster L'Étoile du Roy (»Stern des Königs«) im Hafenbecken. Dieser Nachbau eines historischen Korsarenschiffs aus dem 18. Jahrhundert erinnert an jene Zeiten, in denen Schiffe aus Saint-Malo beinahe jeden Hafen der Welt ansteuerten. Im 15. Jahrhundert unterhielt die bretonische Hafenstadt bereits intensive Handelsbeziehungen mit Nordeuropa, Italien und Spanien. Wein, Korn, Tuche, Pelze, Leder und Stoffe – viele begehrte Handelsgüter traten in den Laderäumen der Schiffe ihre Reise an. Im Laufe der Zeit dehnten die Reeder und Kaufleute von Saint-Malo ihren Radius immer weiter aus. Der in der Nähe von Saint-Malo geborene Seefahrer Jacques Cartier (1491–1557) beispielsweise entdeckte auf der Suche nach einer Westpassage nach Fernost 1534 Kanada. Es dauerte nicht lange, bis die Kaufleute der Stadt auch im lukrativen Überseehandel mit Afrika, Amerika, China und Indien kräftig mitmischten. Der Handel mit Sklaven und Gewürzen warf üppige Gewinne ab. Die stattlichen Kaufmannshäuser in der Altstadt legen davon Zeugnis ab. Am Anfang der Rue Pélicot ist mit der Hausnummer 3/5 noch eines der alten Reederhäuser aus dem 16. Jahrhundert zu bewundern, deren Erscheinungsbild an das Achterkastell eines Schiffs erinnert.

HOTEL DE
FRANCE ET CHATEAUBRIAND

Einträgliche Seeräuberei

Im 17. und 18. Jahrhundert erschlossen sich die fähigen Seefahrer aus Saint-Malo ein neues Tätigkeitsfeld: Frankreich, England und die Niederlande konkurrierten verbissen um die Vorherrschaft auf See, und bei diesem Kampf war den verfeindeten Parteien beinahe jedes Mittel recht. So versuchten die Engländer 1693 vergebens, ein mit Sprengstoff gefülltes Schiff nahe der Stadtbefestigung zur Explosion zu bringen. Um derartige Angriffe abzuwehren, wurden nach Plänen des berühmten Festungsbaumeisters Vauban (1633–1707) Ende des 17. Jahrhunderts die vorgelagerten Inseln mit Befestigungsanlagen versehen. Der französische Monarch wiederum stellte Kaperbriefe aus, deren Inhaber ganz legal und quasi im Auftrag der Krone Handelsschiffe gegnerischer Nationen überfallen und ausrauben konnten. Als Gegenleistung führten die Korsaren einen Teil der Beute ab und füllten auf diese Weise neben dem eigenen auch das Staatssäckel. Diese Art der Seeräuberei wurde keineswegs als ehrenrührig angesehen – im Gegenteil: Der Freibeuter René Dugay-Trouin (1673–1736) wurde in den Adelsstand erhoben, und auch der legendäre Korsar Robert Surcouf (1773–1827) war ein geschätzter Bürger und eine lokale Berühmtheit. Zu Reichtum gekommene Korsaren ließen sich stattliche Häuser im Herzen der Stadt errichten, darunter das Hôtel d'Asfeld. Das einstige Wohnhaus des Korsaren und Reeders Magon de La Lande kann heute mitsamt seinen Geheimtreppen und Schatztruhen besichtigt werden. Manche Korsaren wurden sogar in der Kathedrale Saint-Vincent (11.–18. Jahrhundert) zur letzten Ruhe gebettet.

Stolz und starrköpfig

Die Wurzeln von Saint-Malo reichen weit zurück. Als die Römer an der Stelle des heutigen Stadtteils Saint-Servan den Ort Alet gründeten, fanden sie dort bereits die Überreste einer noch älteren keltischen Siedlung vor. Ihren heutigen Namen, Saint-Malo, verdankt die Stadt dem britischen Missionar Maclow, der sich im 6. Jahrhundert hier niederließ. Einen Mangel an Selbstbewusstsein konnte man den Bewohnern von Saint-Malo zu keiner Zeit nachsagen. »Ni Français, ni Breton: Malouin suis!«, so lautet der Jahrhunderte alte Wahlspruch der Stadt: »Weder Franzose noch Bretone: ein Bürger Saint-Malos bin ich.« Um ein für alle Mal klarzustellen, wer in der Bretagne das Sagen hat, setzte Herzog François II. (1435–1488) den aufmüpfigen Malouins ab 1424 ein Château vor die Nase. Seine Tochter Anne de Bretagne (1477–1514) fügte der väterlichen Burg in Saint-Malo einen weiteren

In diesem Gebäude erblickte der Dichter Chateaubriand das Licht der Welt (unten). Die L'Étoile du Roy ist der Nachbau eines historischen Korsarenschiffs (rechts oben). Das Gezeitenkraftwerk in der Rancemündung nutzt die Kraft des Wassers zur Stromerzeugung (unten rechts).

wehrhaften Turm hinzu – auch sie hatte offenbar das Bedürfnis, ihren Herrschaftsanspruch noch einmal unmissverständlich zu unterstreichen. Den freiheitsliebenden Malouins gefiel das gar nicht. Doch angesichts der Proteste setzte die junge Herzogin sogar noch eins drauf, indem sie den neuen Turm mit einer eingemeißelten Inschrift versehen ließ: »Quic-en-Groigne, ainsi sera, c'est mon plaisir« stand dort zu lesen. Frei übersetzt hieß das: »Es mag grollen, wer will. Aber so wird's gemacht, denn das ist mein Wille.« Die Inschrift ist verwittert, der Turm aber heißt bis heute »Quic-en-Groigne«. Zusammen mit einer ganzen Reihe von weiteren Türmen prägt er die Silhouette von Saint-Malo. Der Stadtturm Porte Saint-Thomas etwa ist ein beliebter Ausgangspunkt für einen Rundgang über die 1,7 Kilometer lange Stadtmauer.

Wie Phönix aus der Asche

Mehrere Jahrhunderte lang hatte diese Mauer Saint-Malo zuverlässig geschützt. Doch gegen das Bombardement im Zweiten Weltkrieg nützte sie nichts. Aufgrund seiner strategisch wichtigen Lage am Eingang zum Ärmelkanal hatte die deutsche Besatzungsmacht den Hafen zum Militärstützpunkt ausgebaut. Den Angriffen der Alliierten fielen rund vier Fünftel der Bebauung innerhalb der Stadtmauer (Intra-Muros) zum Opfer. Der akribische Wiederaufbau nach dem Kriegsende dauerte Jahre. Wer heute durch die Altstadt schlendert, kann das Ausmaß der Zerstörung nicht mehr erahnen. Stattliche Häuser säumen die gepflasterten Straßen und die Plätze. Die kleine Fischmarkthalle von 1954 an der Place de la Poissonnerie schmückt ein kunstvoll ausgeführtes Dachgebälk, das mit geschnitzten Fischen verziert ist. Der einstige Wohnturm des Gouverneurs beherbergt ein stadtgeschichtliches Museum. An der Rue Chateaubriand Nr. 3, im Hôtel de la Gicquelais, erblickte am 4. September 1768 der berühmte Schriftsteller François-René de Chateaubriand das Licht der Welt. Auch er verstand und fühlte sich Zeit seines Lebens als Bürger von Saint-Malo. Nach seinem Tod im Jahr 1848 wurde er seinem Wunsch entsprechend in einem schlichten Grab an der Westspitze der Saint-Malo vorgelagerten Île du Grand Bé beigesetzt – dort, wo er »immer und ewiglich« auf das Meer und den Sturm blicken könne, dessen Rauschen ihn in seinen ersten Schlaf gewiegt habe.

DIE KRAFT DES WASSERS

Schon lange machten sich die Bretonen die Kraft des Meeres zunutze: Gezeitenmühlen, die durch den Wechsel von Ebbe und Flut angetrieben wurden, setzten beispielsweise Mühlsteine in Gang. Einige Nummern größer ist das Gezeitenkraftwerk in dem Damm, der Saint-Malo mit Dinard am anderen Ufer der Rance verbindet: Als die Usine maremotrice in den 1960er-Jahren in Betrieb genommen wurde, war sie das erste kommerziell genutzte Gezeitenkraftwerk weltweit – und mehr als 40 Jahre lang blieb sie auch das leistungsstärkste. Für die Stromerzeugung werden sowohl das zeitweilig aufgestaute Wasser der Rance als auch der Tidenhub genutzt, der hier bis zu acht Meter betragen kann. Schleusentore regulieren den Durchfluss des Wassers. In einem kleinen Infozentrum am Saint-Malo gegenüberliegenden Ufer wird die Funktionsweise des Kraftwerks anschaulich erklärt.

WEITERE INFORMATIONEN:

www.saint-malo.fr,
www.saint-malo-tourisme.com,
www.etoile-marine.com,
www.demeure-de-corsaire.com,
http://la-rance.edf.com

Im Hafen von Cancale liegen die typischen flachen Kähne der Ostréiculteurs (»Austernzüchter«).

11 Die Stadt der Austern – Cancale

Leckerbissen aus dem Meer

Schon zu Römerzeiten schätzten Feinschmecker den leicht nussigen Geschmack frischer Austern. In der Bucht von Cancale finden die Edelmuscheln ideale Lebensbedingungen vor. Rund um den Hafen Port de la Houle in Cancale werden sie fangfrisch serviert.

Römische Schlemmer ließen sich frische Austern in mit Meerwasser gefüllten Amphoren aus Gallien bis nach Rom liefern. Sonnenkönig Ludwig XIV. (1638-1715) schickte berittene Boten aus, um die begehrten Leckerbissen aus Cancale zu holen. Dass die Austern so beliebt waren, wäre ihnen beinahe zum Verhängnis geworden. Im 18. Jahrhundert waren die natürlichen Bestände der europäischen Auster (Ostrea edulis), auch *huître plate* (»flache Auster«) genannt, in der Bucht von Cancale derart überfischt, dass sie vom Aussterben bedroht waren.

Prompt erfolgte 1759 eine Anweisung von ganz oben: Per königlichem Dekret wurde der Fang zwischen April und Oktober, wenn sich die Austern vermehren, streng verboten. Im 19. Jahrhundert war die Austernfischerei schließlich nur noch an wenigen Tagen für wenige Stunden erlaubt. Sobald ein Kanonenschuss den Beginn der Fangzeit verkündete, lieferten sich die Fischer von Cancale in ihren *bisquines* (»Zweimastern«) ein erbittertes Wettrennen auf dem Weg zu den Austernbänken. Zu Beginn des 20. Jahrhunderts waren die natürlichen Austernvorkommen nahezu verschwunden. Doch mittlerweile war es möglich, frei im Meer schwimmende Austernlarven einzufangen und in Austernfarmen anzusiedeln. In der Bucht von Cancale werden heute zwei Austernarten gezüchtet: die bauchige Pazifische Felsenauster (Crassostrea gigas), die in Frankreich *huître creuse* heißt und eine gewölbtere Schale hat, und die bei Feinschmeckern ganz besonders beliebte *huitre plate.*

Infos: www.cancale-tourisme.fr

12 Zeitreise ins Mittelalter – Dinan

Malerisch auf einem Hügel über der Rance gelegen, zählt das mittelalterliche Städtchen Dinan zu den schönsten der Bretagne.

Ein Held und eine Herzogin

Hoch über der Rance thront Dinan beeindruckend auf einem Felsvorsprung. Eine mächtige Mauer umgibt den historischen Kern der mittelalterlichen Stadt, über die Herzogin Anne de Bretagne (1477–1514) einmal sagte, sie sei der »Schlüssel zu ihrer Schatzkammer«.

Gleich zwei legendäre Bretonen spielten eine wichtige Rolle in der Geschichte der Stadt, die im Mittelalter ein wichtiges Handelszentrum und vor allem für ihre Märkte weithin bekannt war. Als englische Truppen Dinan während des bretonischen Erbfolgekriegs im 14. Jahrhundert belagerten, hielt die Stadt unter der Führung des berühmten bretonischen Heerführers und Haudegens Bertrand du Guesclin (um 1320–1380) den Angriffen stand. Doch damit nicht genug: In einem Kampf Mann gegen Mann besiegte der wackere Bretone, der unweit von Dinan das Licht der Welt erblickte, den englischen Anführer Thomas von Canterbury. Das Herz des bretonischen Helden, der nach und nach die ganze Normandie und die Bretagne befreite, wurde in der Basilika Saint-Sauveur in Dinan beigesetzt.

Auch die legendäre »gute Herzogin« Anne de Bretagne war der Stadt sehr verbunden: Nach dem frühen Tod ihres Mannes Charles VIII. (1470–1498) zog sich die trauernde Witwe hierher zurück.
Eine gut 2,5 Kilometer lange Stadtmauer und eine Reihe wuchtiger Türme umgeben den historischen Stadtkern; errichtet wurde das Bollwerk im 13. und 14. Jahrhundert. Das Château de Dinan ist ein imposanter Wehrturm mit ovalem Grundriss. In geraden Jahren feiert die Stadt im Juli die Fête des Remparts (»das Stadtmauerfest«), ein großes Mittelalterfest. Besonders schöne Fachwerkhäuser sind an der Place des Cordeliers und in der Rue de l'Horloge zu sehen.
Infos: www.dinan-tourisme.com, www.fete-remparts-dinan.com

Wenn die Heide blüht, ist das schroffe Cap Fréhel in leuchtendes Violett getaucht (unten). Wohlhabende Badegäste ließen sich in Dinard elegante Villen bauen (rechts oben). Das Fort La Latte liegt wildromantisch direkt am Meer (rechts unten).

13 An der Côte d'Émeraude – Dinard

Vom Fischerort zum Seebad

Die Côte d'Émeraude hält alle Zutaten für einen gelungenen Urlaub bereit: Auf rund 40 Kilometern Länge wechseln sich zwischen Cancale und dem Cap Fréhel weiße Sandstrände und schroffe Felsen, idyllische Dörfer und mondäne Badeorte ab. Kein Wunder, dass schon der berühmte Regisseur Alfred Hitchcock (1899–1980) in Dinard Ruhe und Erholung suchte.

Dinard hatte Potenzial, das lag auf der Hand. Schließlich hatten sich einige wohlhabende Briten ausgerechnet diesen verschlafenen kleinen Fischerort an der bretonischen Küste als Sommerfrische ausgesucht. Doch um ganz groß rauszukommen, bekam das Kind noch einen Namen: »Nizza des Nordens«! Um die Mitte des 19. Jahrhunderts mauserte sich der kleine Hafen Dinard zum ersten Seebad der Bretagne. Hotels und ein Kasino wurden errichtet, 1875 ein Yachtclub gegründet. Betuchte britische Stammgäste ließen sich schicke Villen bauen. Wer heute durch den Stadtteil Bric-à-Brac spaziert, ist umringt von denkmalgeschützten architektonischen Schmuckstücken.

Hitchcock am Strand

Die Besucherliste des charmanten Städtchens liest sich wie ein Who's Who des 20. Jahrhunderts: Die britische Krimi-Autorin Agatha Christie (1890–1976) machte hier ebenso Ferien wie der Politiker Winston Churchill (1874–1965). Auch Pablo Picasso (1881–1973) kehrte in den 1920er-Jahren mehrmals nach Dinard zurück. Bei seinem Aufenthalt im Jahre 1928 konnte er vermutlich nicht wirklich entspannen, hatte er doch Ehefrau nebst Kind am einen Ende der Stadt einquartiert, während seine Geliebte am anderen wohnte. In den blauweiß gestreiften Badezelten am Stadtstrand Plage de l'Écluse traf man sich zum

heimlichen Stelldichein … Daneben fand der Künstler aber trotzdem noch Zeit zum Malen: Allein rund 50 Bilder badender Frauen schuf Picasso im Laufe seiner diversen Aufenthalte in Dinard. Ob es an seinem unsteten Lebenswandel lag? Jedenfalls wurde nicht Picasso, sondern Hitchcock zu Ehren ein Denkmal an der Plage de l'Écluse errichtet. Die 2009 enthüllte Statue, eine Reminiszenz an seinen berühmten Film »Die Vögel«, zeigt den Regisseur mit einer Möwe auf der einen und einer Krähe auf der anderen Schulter.

Golfplatz mit Aussicht

Die britischen Badegäste von einst wollten auch im Urlaub nicht auf ihren gewohnten Sport verzichten und gründeten 1877 in Saint-Briac-sur-Mer unweit von Dinard einen Golfplatz. Hoch über den Klippen gelegen und mit einem herrlichen Blick auf das Meer, gehört der 18-Loch-Platz nicht nur zu den ältesten Frankreichs, sondern auch zu den schönsten der Welt. Die zauberhafte Landschaft an diesem Küstenabschnitt lockte auch Maler wie Paul Signac (1863–1935) und Auguste Renoir (1841–1919) an, die sich hier zu Gemälden inspirieren ließen. An den Stellen des Küstenwanderwegs zwischen der Plage du Longchamp und der Halbinsel du Nessay, an denen sie besonders gern ihre Staffeleien aufstellten, sind während der Sommermonate Reproduktionen der Kunstwerke zu sehen, die dort entstanden.

Der Badeort Saint-Cast-le-Guildo kann im Wettbewerb um die Gunst des Publikums gleich zwei Trümpfe ausspielen: Zum einen nennt der Ort einen der schönsten Strände in der nördlichen Bretagne sein eigen. Zum anderen ist hier die Eisdiele »Chez Tinou« ansässig, von der manche behaupten, sie stelle das beste Eis der Bretagne her.

Schroffe Schönheit

Am Cap Fréhel zeigt sich, warum die Côte d'Émeraude den Namen »Smaragdküste« trägt: An manchen Tagen schimmert das Meer zu Füßen der grau-rosa Sandsteinklippen in einem faszinierenden Smaragdgrün. In den Nischen und Vorsprüngen der steilen Klippen finden zahlreiche Vogelarten geschützte Nistplätze. Mit etwas Glück kann man hier neben Haubenkormoranen und Silbermöwen auch seltene Tordalke erspähen. Über den Klippen weist ein majestätischer, mehr als 100 Meter hoher Leuchtturm den Schiffen vor der Küste den Weg.

FORT LA LATTE – DIE BURG ÜBER DER BRANDUNG

Das zinnenbewehrte Fort la Latte ist eine Ritterburg wie aus dem Bilderbuch. Hoch über dem Meer thront es am Rand einer Klippe, darunter tost die Brandung. Seine Anfänge reichen bis in das 13. Jahrhundert zurück, die heutige ausgeklügelte Verteidigungsanlage trägt jedoch die Handschrift Vaubans. Der berühmte Festungsbaumeister baute das Fort im ausgehenden 17. Jahrhundert aus. Zu dieser Zeit wurden auch Kanonen installiert. Damit feuerte man glühende Kanonenkugeln auf feindliche Schiffe und schoss sie so in Brand. Durch zwei Felsspalten geschützt und mit zwei Zugbrücken abgesichert, galt das Fort la Latte lange als uneinnehmbar. Heute ist die Burg in Privatbesitz und kann in Teilen besichtigt werden. Einmal im Jahr findet auf der Anlage ein dreitägiges Mittelalterspektakel statt. Auch diverse Mantel-und-Degen-Filme wurden hier vor malerischer Kulisse gedreht.

WEITERE INFORMATIONEN:

www.terres-emeraude-tourisme.com, www.castlelalatte.com, www.cheztinou.fr, www.dinardemeraudetourisme.com, www.dinardgolf.com

Bizarre Felsformationen, unterbrochen durch feinsandige Strände, prägen die Côte de Granit Rose – so wie hier auf der malerischen Halbinsel Île Renote (oben). Der Leuchtturm von Ploumanac'h besteht aus dem gleichen rosa Granit wie die Felsen (rechts oben), aus denen Wind und Wellen wahre Kunstwerke geschaffen haben (rechts unten).

14 An der Côte de Granit Rose

Surreale Felsen, spannende Legenden

Die Côte de Granit Rose ist eine der großen landschaftlichen Schönheiten der Bretagne. Der malerische Küstenabschnitt zwischen Paimpol und Trébeurden, der auf bretonisch Aod ar Vein Ruz heißt, ist wegen seiner surrealen Felsformationen aus rötlich schimmerndem Granit eine beliebte Touristenattraktion. Besonders spektakulär sind die Felsen rund um den Ort Ploumanac'h.

Seine charakteristische rötliche Färbung macht den hiesigen Granit zu etwas ganz Besonderem. Hervorgerufen wird sie durch Beimengungen der Mineralien Hämatit und Alkalifeldspat. Das Gestein entstand vor über 300 Millionen Jahren durch geologische Prozesse. Wind, Wellen und das Wetter haben die darüberliegenden Erdschichten abgetragen und den Granit zu bizarren Felsformationen geschliffen. Die malerischen Felsen und die feinsandigen Strände lockten schon um die Jahrhundertwende zahlreiche Badegäste an. Vor allem das wohlhabende Bürgertum aus Paris floh während der Sommermonate gern aus der heißen Metropole an die bretonische Küste. Ein beliebtes Ferienziel war das Seebad Perros-Guirec, dessen Kirche Saint-Jacques ab dem 12. Jahrhundert aus dem für diesen Küstenabschnitt typischen rosa Granit erbaut wurde. Ein Wunder soll 1445 zum Bau der Kirche Notre-Dame de la Clarté (»Unsere liebe Frau der Klarheit«) geführt haben. Der Legende zufolge geriet ein Seemann vor der Küste in dichten Nebel. Als er in höchster Not zur Jungfrau Maria betete, sei, so sagt man, ein gleißend heller Sonnenstrahl durch den Nebel gedrungen und habe ihm den Weg zum rettenden Ufer gewiesen.

Das Château de Costaérès liegt auf einer Insel vor der Côte de Granit Rose (unten). In der alten Bischofsstadt Tréguier gibt es schöne alte Fachwerkhäuser (rechts oben); in der dortigen Kathedrale ruhen die Gebeine des heiligen Yves (rechts unten).

Auf dem Zöllnerpfad

Die Corniche Bretonne, die Küstenstraße zwischen Perros-Guirec und Trébeurden, eröffnet immer wieder schöne Ausblicke auf die Côte de Granit Rose. Doch um die Schönheit dieses Küstenabschnitts richtig genießen zu können, empfiehlt sich eine Wanderung auf dem alten Zöllnerpfad. Die zerklüftete Küstenlinie der Bretagne mit ihren zahllosen kleinen Buchten und versteckten Höhlen war zu früheren Zeiten in idealer Tummelplatz für Schmuggler. Um diesen das Handwerk zu legen, gingen Zöllner entlang der Küste Patrouille. Der alte Zöllnerpfad ist heute ein gut ausgebauter Wanderweg. Vom Strand Plage de Trestraou in Perros-Guirec aus führt er in Richtung Ploumanac'h mitten durch die spektakulärsten Felsformationen hindurch. Besonders reizvoll ist dieser Spaziergang in den Abendstunden, wenn die rosafarbenen Granitfelsen im Schein der untergehenden Sonne in zahllosen Rotschattierungen leuchten.

Die außergewöhnlichen Formen der bis zu 20 Meter hohen Brocken haben dazu geführt, dass der Volksmund vielen von ihnen Namen gegeben hat: Da gibt es den Champignon und die Hexe, den Elefantenfuß und die liegende Flasche, den umgedrehten Holzschuh, die Jakobsmuschel, die Liebesgrotte und den gefallenen König. An der Pointe du Squewel erhebt sich das Château du Diable (»Teufelsschloss«). Zu internationaler Berühmtheit gelangte ein ganz bestimmtes Felsgebilde, dessen Form mit etwas Fantasie an einen Dreispitz erinnert – so wie ihn Napoleon Bonaparte oft und gern trug. Während des Zweiten Weltkriegs organisierte General Charles de Gaulle (1890–1970) aus dem britischen Exil den Widerstand des Freien Frankreichs gegen die deutschen Besatzer. Nach langen Vorbereitungen wurde am 3. April 1943 schließlich über Funk das Startsignal für den bewaffneten Kampf gegeben. Der britische Rundfunksender BBC sendete, wie zuvor im Geheimen vereinbart, den Code zum Losschlagen. Die Botschaft bestand aus einer scheinbar harmlosen Frage: »Befindet sich Napoleons Hut noch immer in Perros-Guirec?« Der Leuchtturm von Ploumanac'h wurde 1945 auf einer felsigen Landzunge erbaut und besteht ebenso wie seine Umgebung komplett aus rosa Granit. Sein Name »Mean Ruz« ist bretonisch und bedeutet »roter Stein«. Vom Leuchtturm aus hat man einen wunderschönen Blick hinüber zur (Halb-)Insel Île Renote. Mitten in der schönen Bucht von Ploumanac'h steht auf der vorgelagerten Insel Costaérès ein malerisches Schloss, das ein polnischer Ingenieur gegen Ende des 19. Jahrhunderts errichten ließ. Ende der 1980er-Jahre erwarb der deutsche Schauspieler Didi Hallervorden das Anwe-

sen. In der Maison du Littoral unweit des Leuchtturms wird anschaulich erklärt, wie die einzigartigen Granitformationen der Côte de Granit Rose einst entstanden.

Die Leiden des Heiligen

Nur einen Spaziergang entfernt finden Fotografen an der Plage du Saint-Guirec ein weiteres unwiderstehliches Motiv: das Oratorium des Saint-Guirec aus dem 12. Jahrhundert. Jedes Jahr findet am Himmelfahrtstag ein Pardon, eine Büßerprozession, zu Ehren des Heiligen statt, der im 6. Jahrhundert das Christentum in die Region brachte. Das Oratorium ist nur bei Ebbe zugänglich; bei Flut ist es von Wasser umgeben. In dem anrührend schlichten Schrein ist heute eine Granitstatue von Guirec zu sehen. Ursprünglich stand hier eine hölzerne Figur, die aber das Pech hatte, als absolut zuverlässiges Heiratsorakel zu gelten. Junge Frauen, die hofften, bald vor den Traualtar zu treten, stachen eine Nadel in die Nase des Heiligenbilds. Wenn diese stecken blieb, sollten bald die Hochzeitsglocken läuten. Die Holzstatue überstand diese Prozedur auf Dauer nicht. In Trégastel sind zwischen der Plage du Grève rose und der Plage de Coz-Pors weitere malerische Felsformationen zu entdecken. Unterhalb der Felsen versteckt sich in Grotten ein ausgesprochen sehenswertes Aquarium. Und im alten Ortskern oben auf dem Hügel scharen sich wie Küken um die Henne die kleinen Granithäuser um eine schöne Kirche aus dem 12. Jahrhundert.

Das Paradies der Vögel

Die der Côte de Granit Rose vorgelagerte Inselgruppe der Sept Îles ist das älteste Vogelschutzgebiet Frankreichs. Bis zu 22 000 Vogelpaare nisten auf den Klippen der Inseln. Papageientaucher und Haubenkormorane, Austernfischer, Silber- und Dreizehenmöwen leben hier in guter Nachbarschaft mit einer großen Kolonie von Basstölpeln. Die vogelreiche Inselwelt kann man per Boot erkunden. An Land gehen darf man aber nur auf der Île aux Moines, auf der im 14. und 15. Jahrhundert Franziskanermönche lebten. Nachdem auch die vorübergehend hier stationierte Garnison wieder abgezogen war, haben die Vögel seit nunmehr rund 200 Jahren die sieben Inseln wieder (fast) für sich.

TRÉGUIER

Ein lohnender Ausflug führt nach Tréguier, das im tiefen Mündungstrichter des Jaudy liegt. Die Stadt wurde von Saint-Tugdual, einem der sieben legendären Gründungsheiligen der Bretagne, gegründet und war bereits im 9. Jahrhundert Bischofssitz. Jedes Jahr im Mai strömen Juristen aus aller Welt hierher. In ihre Talare und Amtsroben gekleidet, feiern sie mit einer Wallfahrt ihren Schutzpatron Saint-Yves. Der bei Tréguier geborene Yves Hélory de Kermartin (1253–1303) war zu Lebzeiten ein gerechter Richter und Fürsprecher der Armen und wurde bereits wenige Jahrzehnte nach seinem Tod heiliggesprochen. Er ist in der im 11. Jahrhundert begonnenen Kathedrale Saint-Tugdual beigesetzt. Auf dem Platz vor der Kathedrale im Herzen des mittelalterlichen Stadtkerns erinnert ein Denkmal an den Dichter Ernest Renan (1823–1892), einen weiteren berühmten Sohn der Stadt.

WEITERE INFORMATIONEN:

www.perros-guirec.com,
www.tregor-cotedajoncs-tourisme.com,
www.bretagne-cotedegranitrose.com,
www.aquarium-tregastel.com,
www.maison-ernest-renan.fr

Im wilden Westen

Das malerische Ende der Welt

In der Odet-Mündung liegt der hübsche Badeort Bénodet, der auch in Seglerkreisen einen ausgezeichneten Ruf genießt (links). Kunstvolle Spitzenhauben und -kragen prägen die bretonischen Trachten (rechts oben). Das »Le Penfret« in der Altstadt von Concarneau serviert fangfrischen Fisch und Meeresfrüchte (rechts unten).

Das imposante Eisenbahnviadukt beherrscht die Silhouette von Morlaix (oben). Die sogenannten Laternenhäuser sind typisch für die Stadt (rechts unten). In der Bretagne sind vielerorts prähistorische Begräbnisstätten zu entdecken (rechts oben).

15 Im Schatten des Viadukts – Morlaix

Und wenn sie dich beißen …

Das erste, was in Morlaix ins Auge fällt, ist das gewaltige Eisenbahnviadukt, das auf hohen Pfeilern den tiefen Taleinschnitt überspannt. Doch wer sich mit einem Blick auf dieses architektonische Husarenstück begnügt, dem entgeht einiges. Zu Füßen des steinernen Riesen wartet ein hübsches Städtchen mit einer interessanten Geschichte darauf, entdeckt zu werden.

Schon die Römer wussten die Vorzüge dieses geschützten Hafens zu schätzen: Sie gründeten hier eine Siedlung, der sie den Namen Mons relaxus gaben. Um das Jahr 1000 n. Chr. wurde eine erste Burg errichtet. Heute säumen schmucke Häuser die Plätze, die sich auf der Talsohle aneinanderreihen. Zu beiden Seiten des tiefen Mündungstals schlängeln sich die *venelles*, ein Gewirr aus schmalen, kopfsteingepflasterten Gässchen und Treppen die Hänge empor.

Im Mittelalter avancierte Morlaix zu einer wichtigen Hafenstadt, über die die im Umland hergestellten Tuche umgeschlagen wurden. Es muss ein prachtvoller Anblick gewesen sein, wenn die großen Frachtsegler majestätisch in den Hafen einliefen, der sich bis vor gut einem Jahrhundert noch bis zum heutigen Rathaus erstreckte. Bis nach Spanien und Portugal, nach England, in die Niederlande und in den skandinavischen Raum wurden die hochgeschätzten Leinenstoffe exportiert. Die vermögenden Tuchhändler, die vorzugsweise in der Grand Rue residierten, ließen sich stattliche Häuser errichten. Dort und in der pittoresken Rue Ange de Guernisac blieben etliche schöne mittelalterliche Häuser mit vorkragenden Obergeschossen erhalten.

Eine architektonische Besonderheit stellen die sogenannten Maisons à Pondalez, die »Later-

nenhäuser«, dar. Sie bestehen aus einem Vorder- und einem Hinterhaus, die durch einen mit Glas überdachten Innenhof miteinander verbunden sind. Dort befindet sich eine große, oft mit prachtvollen Schnitzereien verzierte zentrale Wendeltreppe, von der aus Stege oder Galerien die einzelnen Etagen erschließen. Ein besonders schönes Exemplar steht in der Grand Rue 9. In einem weiteren an der Rue du Mur soll Herzogin Anne de Bretagne einmal übernachtet haben.

... beiß zurück!«

Der Wohlstand der Hafenstadt weckte allerlei Begehrlichkeiten. So liefen im Jahr 1522 englische Schiffe in Morlaix ein, deren Besatzungen nach einem bretonischen Korsarenüberfall auf englische Häfen einen Vergeltungsschlag planten. Die rachedurstigen Briten konnten ihr Glück kaum fassen, als sie die Stadt nahezu menschenleer vorfanden: Fast alle Bewohner besuchten einen großen Markt in der Region. Doch bei ihrem Raubzug hielten sich die Engländer zu lange in den Weinkellern auf. Dort wurden sie von den heimkehrenden Bürgern überrascht und davongejagt. Der Legende zufolge geht der Wahlspruch der Stadt auf diesen Zwischenfall zurück: »S'ils te mordent, mords les!« – das heißt so viel wie: »Wenn sie dich beißen, beiß' zurück!« »Mords les« wird im Französischen fast wie »Morlaix« ausgesprochen. Um die Stadt vor englischen Angriffen zu schützen, wurde im 16. Jahrhundert auf einer der vielen kleinen Inseln in der Bucht von Morlaix das Château du Taureau (»Stierburg«) errichtet, das heute von Ausflugsschiffen angesteuert wird.

Seit 1864 überspannt das 58 Meter hohe und fast 300 Meter lange Eisenbahnviadukt der Strecke Paris-Brest das Tal. Für den Bau wurde eigens ein neues Hafenbecken angelegt, um die tonnenschweren Granitblöcke aus den Steinbrüchen der Île-Grande bis an die Baustelle heranzubringen. Die untere Etage wurde als Fußgängerweg angelegt, der die Pfarrbezirke Saint-Melaine und Saint-Martin diesseits und jenseits des Taleinschnitts miteinander verbindet.

Am Hafen liegt auch das Gebäude der großen Tabakmanufaktur, die in der ersten Hälfte des 18. Jahrhunderts gegründet wurde. Die Kirche Saint-Mathieu (16./18. Jhd.) schmückt einer der ersten Renaissance-Kirchtürme der Bretagne.

ÄLTER ALS DIE PYRAMIDEN

Der Cairn de Barnenez, eine der bedeutendsten Grabanlagen aus dem Megalithzeitalter, wurde nur durch einen Zufall vor dem Vergessen bewahrt. Ein Bauunternehmer erwarb ein Stück Land auf einer Anhöhe über der Bucht von Morlaix, um dort Steine abzubauen. Doch bei den Grabungsarbeiten kamen steinerne Strukturen ans Tageslicht, die sich als prähistorisches Fürstengrab entpuppten. Der älteste Teil wurde im 5. Jahrtausend vor Christus aus Bruchsteinen errichtet. Der über 70 Meter lange Grabhügel besteht aus rund 3000 Kubikmetern Stein. Er umfasst insgesamt elf Dolmen mit ebenso vielen Grabkammern. Zehn davon sind nur durch einen mit horizontalen Platten überdeckten Gang aus Trockenmauerwerk zugänglich. Der Grabhügel kann besichtigt werden; ein Modell im Empfangsgebäude zeigt seinen genauen Aufbau. Bei Ausgrabungen im Inneren wurden unter anderem Beilklingen und Pfeilspitzen gefunden.

MEHR INFOS:

www.barnenez.fr,
www.tourisme-morlaix.bzh,
www.musee.ville.morlaix.fr,
www.mda-morlaix.com,
www.chateaudutaureau.com

Ein besonders prächtiger Calvaire (»Kalvarienberg«) schmückt den umfriedeten Kirchhof von Guimiliau (oben). Über dem Taufbecken der Kirche von Commana wölbt sich ein kunstvoll geschnitzter Baldachin (rechts).

16 Horte der Frömmigkeit – die bretonischen Kirchhöfe

Bilderbögen aus Granit

Bösartig grinsende Teufel fahren mit der schönen Sünderin zur Hölle, darüber lächelt Jesus entrückt vom Kreuz hinab. Die kunstvoll aus Granit gehauenen Kalvarienberge, die biblische Geschichten szenisch darstellen, zählen zu den künstlerischen Höhepunkten der Bretagne. Eine Rundreise zu einigen der umfriedeten Kirchhöfe, in denen diese Kunstwerke stehen, sollte man darum keinesfalls versäumen.

Die Konkurrenz schläft nicht – diese Erfahrung musste im 16. Jahrhundert auch die katholische Kirche machen, die bis dahin in der Bretagne ziemlich unangefochten den Ton angegeben hatte. Nun aber kehrten nicht wenige Schäfchen Mutter Kirche den Rücken zu und wandten sich entweder wieder den alten vorchristlichen Riten oder – Gott bewahre! – dem aufkommenden Protestantismus zu. Mit aller Kraft stemmte sich die Kirche dieser Entwicklung entgegen, pries die himmlischen Freuden und beschrieb in schillernden Farben die Qualen der Verdammnis. In ihrem Kampf um das Seelenheil der Schäfchen setzten die Gemeinden unter anderem auf prachtvoll ausgestattete Gotteshäuser, die von ebenso beeindruckenden Kirchhöfen umgeben waren. Insbesondere im Tal des Elorn entstand eine ganze Reihe dieser *Enclos paroissiaux* (»umfriedete Pfarrbezirke«), die den Gläubigen wie ein rettender Hafen in den Wirren der Welt erscheinen sollten. Rund 70 dieser außergewöhnlichen Ensembles haben die Zeiten überdauert.

Durch den Tod zum Ewigen Leben

Der Aufbau dieser Kirchhöfe folgte einer typischen Dramaturgie. Die Enclos sind in der Regel von einer Mauer umgeben, die sie von der Außenwelt abschirmt. Die Zugangstore weisen

CHARITE

Mehr als 180 Figuren schmücken den Calvaire von Plougastel, der nach einer Pestepidemie errichtet wurde (unten); die Stadt selbst und ihr Umland sind berühmt für ihre Erdbeeren (rechts unten). Der Calvaire von Saint-Thégonnec zeigt eine anrührende Grablegung Christi (rechts oben).

oft eine hohe steinerne Schwelle auf. Diese Hürden sollten bösen Dämonen den Weg versperren, denn im Volksglauben waren des Teufels Helfershelfer kleine, boshafte Zwerge. Betraten die Gläubigen den Kirchhof durch das – oft besonders prächtige – Haupttor, wurden sie als Erstes sehr nachdrücklich an die eigene Sterblichkeit erinnert: Innerhalb der Einfriedung erstreckte sich rund um die Kirche der Friedhof. Meist gehört auch ein sogenanntes Beinhaus zu diesen Ensembles. Da der Platz innerhalb der Mauern knapp war, wurden die Grabstellen immer wieder neu belegt. Fanden sich noch sterbliche Überreste des »Vormieters«, wurden diese in

das Beinhaus umgebettet. Der Besucher musste dieses irdische Jammertal durchschreiten, um das Kirchenportal zu erreichen. Durch dessen geöffnete Flügel war dann bereits das prachtvolle Innere zu erahnen, wo bunte Glasfenster und reich geschnitzte, farbenfrohe Deckenbalken sowie prunkvolle Altäre und beeindruckende Heiligenfiguren einen Vorgeschmack auf die ganze Pracht und Herrlichkeit des Himmelreichs gaben.
Neben der Kirche war und ist der Calvaire (»Kalvarienberg«) das zentrale Element eines jeden Enclos. Bei manchen handelt sich dabei lediglich um eine aus Granit gehauene Kreuzigungsgruppe auf einem schlichten Sockel. Doch weil ein besonders schöner und reich ausgeschmückter Calvaire sich hervorragend dazu eignete, die Bedeutung, die Frömmigkeit und den Reichtum der jeweiligen Gemeinde zur Schau zu stellen, entbrannte zwischen den durch Tuchherstellung und Tuchhandel zu Wohlstand gelangten Gemeinden im Gebiet der Flüsse Elorn und Aulne ein regelrechter Wettstreit um den schönsten und aufwendigsten Kalvarienberg. Die Sockel wurden größer und mit einem oder zwei übereinander angeordneten Friesen verziert, die neben wichtigen biblischen Geschichten auch regionale Legenden darstellten. Bei Messen unter freiem Himmel deutete der Geistliche dann mit einem Stock auf die Szene, um die es in seiner Predigt gerade ging. Die Calvaires der Orte Plougastel-Daoulas, Plougonven, Saint-Thégonnec, Guimiliau und Pleyben werden zu den schönsten der Bretagne gerechnet.

Auferstanden aus Ruinen

Dass man den besonders figurenreichen Calvaire von Plougastel-Daoulas (1602–1604) heute in seiner ganzen Schönheit bewundern kann, ist einem kunstsinnigen US-amerikanischen Soldaten zu verdanken: Als das Kunstwerk im Zweiten Weltkrieg durch Artilleriebeschuss stark beschädigt wurde, barg dieser Mann die Bruchstücke des zerborstenen Calvaires. Später sammelte er zudem noch Spen-

den, mit deren Hilfe der Calvaire wiederhergestellt werden konnte. Mehr als 180 Granitfiguren bevölkern den Sockel und stellen unter anderem das letzte Abendmahl und die Passion Christi dar. Es gibt so viele Details zu entdecken, dass es über diesen Calvaire heißt, man müsse ihn sieben Mal umrunden, um ihn einmal ganz zu sehen. In zwei Nischen erinnern die Statuen des heiligen Rochus und des heiligen Sebastien, der Schutzpatrone gegen die Pest, daran, dass dieses Meisterwerk kurz nach einer Pestepidemie errichtet wurde. Das Städtchen Plougonven nennt einen der ältesten Enclos der Bretagne sein eigen. Die Kirche wurde ursprünglich im Jahre 1523 errichtet und nach einem Brand wieder aufgebaut. Erhalten geblieben ist das 1532 gebaute Beinhaus. Um die Mitte des 16. Jahrhunderts entstand der Calvaire, dessen Sockel gleich zwei Reihen mit szenischen Darstellungen aus der Bibel zieren.

Zwei Streithammel von dem Herrn

Einen fast 100 Jahre andauernden Schlagabtausch lieferten sich die benachbarten Gemeinden Saint-Thégonnec und Guimiliau. Die Bewohner des kleinen Guimiliau hatten dem größeren Nachbarn mit dem Bau eines überaus prächtigen Calvaires sozusagen den Fehdehandschuh hingeworfen. Sieben Jahre hatten die Steinmetze gebraucht, um den Sockel mit rund 200 Figuren zu schmücken, die – historisch nicht ganz korrekt – in mittelalterlicher Tracht dargestellt sind. Das konnte Saint-Thégonnec natürlich nicht auf sich sitzen lassen. Man war schließlich nicht irgendwer: Der Legende nach hatte der namensgebende heilige Thégonnec beim Bau der dortigen, ihm geweihten Kirche selbst mit Hand angelegt und sogar den Teufel höchstpersönlich vor den Karren gespannt, auf dem die Steine für den Bau herangeschafft wurden. Als der Calvaire von Guimiliau fertig war, gaben die derart düpierten Nachbarn eine höchst imposante Triumphpforte in Auftrag. Daraufhin setzte Guimiliau eine Portalhalle vor seine Kirche. Und so ging es noch jahrzehntelang hin und her.

Sehr stimmungsvoll ist der Enclos von Pleyben, zu dem neben der Kirche und einer Sakristei auch ein Beinhaus (1550) gehört. Der ausdrucksstarke Calvaire, dessen Errichtung um die Mitte des 16. Jahrhunderts begann, wurde im 18. Jahrhundert an einen anderen Platz versetzt. Sein schön gearbeiteter Sockel erfüllt zugleich die Funktion eines Triumphtors.

REICHE ERNTE

Wer Plougastel sagt, muss auch Erdbeere sagen … Die Halbinsel unweit von Brest war im Mittelalter durch Flachsanbau und Leinenweberei reich geworden. Doch mit dem Aufkommen der Textilmanufakturen ging es mit der Wirtschaft dort bergab. Als Retter in der Not entpuppten sich in dieser Situation einige Erdbeersetzlinge, die ein französischer Ingenieur aus Südamerika mitgebracht hatte. Im milden Klima der Halbinsel gediehen die leckeren Exoten hervorragend. Weil sich die süßen Früchte sehr gut verkauften, wurden die Anbauflächen immer weiter ausgedehnt, bis sie Mitte des 20. Jahrhunderts den Großteil der gesamten Nutzfläche einnahmen. Seither ist der Erdbeeranbau zwar zurückgegangen, doch stattdessen werden verstärkt Blumen und Gemüse kultiviert. Bis heute ist die Erdbeere das »Markenzeichen« der Halbinsel, dem in Plougastel-Daoulas sogar ein kleines Museum gewidmet ist.

MEHR INFORMATIONEN:

www.musee-fraise.net,
www.7calvaires.fr

Der fein ziselierte Turm der Kapelle Notre-Dame du Kreisker ist der höchste in der gesamten Bretagne.

17 Der höchste Kirchturm der Bretagne: Saint-Pol-de-Léon

Kapelle mit Spitzenhäubchen

Fromm, frommer, Saint-Pol-de-Léon – die ehemalige Bischofsstadt trägt den Beinamen »Baumschule des Klerus«, weil sie über viele Generationen einen beachtlichen Anteil des französischen Priesternachwuchses hervorbrachte.

Auch der Namensgeber der Stadt ist – wie könnte es anders sein – ein Heiliger: Der walisische Mönch Saint-Pol-Aurélien machte im 6. Jahrhundert als Bischof aus dem Küstenort ein bedeutendes spirituelles Zentrum. Die imposante Kathedrale, die ab 1230 erbaut wurde, trägt seinen Namen. Das gotische Gotteshaus ist aus hellem Kalkstein errichtet, durch große Buntglasfenster strömt Licht hinein. Gut 100 Jahre nach der Grundsteinlegung wurde die Kathedrale geweiht, doch die Bauarbeiten gingen mit Unterbrechungen noch bis ins 16. Jahrhundert weiter. Ein gruseliges Detail im Kircheninneren sind die ordentlich beschrifteten Kästchen an einer Wand des Chors, in denen die Schädel wohlhabender Verstorbener ruhen.

Der höchste Kirchturm der Bretagne aber gehört nicht zur Kathedrale, sondern zur Chapelle de Notre du Kreisker. Stolze 78 Meter ragt er empor und ist damit höher als die Türme von Notre-Dame in Paris. Seine elegante Spitze diente als Vorbild für andere Kirchtürme. Der Legende zufolge arbeitete eine Näherin an einem der Mutter Gottes geweihten Feiertag, wurde zur Strafe gelähmt und von einem Heiligen auf wundersame Weise geheilt. Aus Dankbarkeit wandelte die geläuterte Sünderin ihr Häuschen in eine Kapelle um, die im 14. Jahrhundert zerstört wurde. Auch dem eleganten Nachfolgebau sollte es während der Französischen Revolution an den Kragen gehen; als nützliches Seezeichen durfte er aber doch stehen bleiben.

18 Die Wiege der Thalasso-Therapie – Roscoff

Wellness aus dem Wasser – in Roscoff wurden schon vor über 100 Jahren Rheumapatienten mit warmen Meerwasserbäder therapiert.

Die Heilkraft des Wassers

Schon die alten Griechen, Römer und Ägypter wussten die wohltuende Wirkung von Meerwasser und Seeluft zu schätzen. In dem ehemaligen Korsarennest Roscoff begründete ein junger bretonischer Arzt im 19. Jahrhundert die moderne Thalasso-Therapie.

Der Begriff Thalasso-Therapie setzt sich aus den griechischen Worten *thalassa* (»Meer«) und *therapeia* (»Pflege«) zusammen. Ein französischer Biologe legte in den 1890er-Jahren dar, dass die mineralische Zusammensetzung des Meerwassers der des menschlichen Blutserums ähnelt und folgerte daraus, dass der menschliche Organismus Wirkstoffe aus dem Meer besonders gut aufnehmen könnte.

Der junge bretonische Arzt Louis Bagot (1862–1941) setzte diese Erkenntnisse in die Praxis um und behandelte ab 1899 in Saint-Pol-de-Léon Rheumapatienten mit Bädern aus erwärmtem Meerwasser. Vor seiner Karriere als Heilbad war Roscoff lange Zeit eher als übles Korsarennest verschrieen. Der Golfstrom sorgt in dieser Region für ein mildes Klima, von dem die Landwirtschaft profitiert. Zwischen 1830 und 1914 entpuppten Zwiebeln aus Roscoff sich als wahre Exportschlager. Mit ihren Fahrrädern, die über und über mit zu Zöpfen zusammengeflochtenen Zwiebeln beladen waren, setzten viele Männer aus Roscoff und Umgebung regelmäßig nach England über und verkauften dort an den Haustüren ihre Waren. Ein kleines Museum erinnert an die Fahrten dieser »*Onion Johnnies*«, und jedes Jahr im August wird in Roscoff das Zwiebelfest gefeiert. Der rege Export landwirtschaftlicher Produkte setzte sich auch nach den Weltkriegen noch lange fort: Mitte der 1970er-Jahre gründeten bretonische Bauern sogar die Fährgesellschaft Brittany Ferries, um ihre Produkte preisgünstiger nach England exportieren zu können.

Der Leuchtturm und die Klosterruine an der Pointe Saint-Mathieu zählen zu den beliebtesten Fotomotiven in der Bretagne (unten). Bei Wallfahrten, wie hier in Le Folgoët, werden häufig noch die alten Trachten getragen (rechts oben). Der Küstenwanderweg GR 34 folgt den Zöllnerpfaden entlang der Küste, so auch an der Pointe du Grouin (rechts unten).

19 Im Reich der Sagen – Die Côte des Légendes

Leuchttürme am Ende der Welt

Wie ihr Name schon vermuten lässt, ist die Côte des Légendes reich an Sagen und Legenden. Auch die Landschaft hat etwas Märchenhaftes: Von den überfluteten Flusstälern an der Küste des Pays des Abers bis zur Pointe de Corsen, dem westlichsten Punkt des französischen Festlands, bezaubert dieser Landstrich mit schönen Stränden, schroffen Klippen, unberührter Natur und architektonischen Schätzen.

Das zwischen den Felsen eingeklemmte Wachhäuschen des Weilers Meneham zählt zu den beliebtesten Fotomotiven in der Bretagne. Das kleine Fischerdorf mit den reetgedeckten Granithäuschen liegt hinter riesigen, bizarr geformten Felsbrocken versteckt. Seine Bewohner lebten lange vom Fischfang, der Landwirtschaft und dem Sammeln von Algen. Heute ist das liebevoll restaurierte Dörfchen ein beliebtes Ausflugsziel, etwa vom nahe gelegenen Badeort Brignogan-Plage aus. In früheren Zeiten hatte dieser Küstenabschnitt, dem die christlichen Missionare den Namen Pays Pagan (»Heidenland«) gaben, einen außerordentlich schlechten Ruf. Hartnäckig hielt sich das Gerücht, dass die Bewohner ihr karges Einkommen durch Strandräuberei aufbesserten und auch nicht davor zurückschreckten, ihrem Glück nachzuhelfen. Des Nachts, so hieß es, bänden sie ihren Kühen Laternen an die Hörner und führten sie am Strand entlang. Mehr als ein Schiff sei, den trügerischen Lichtsignalen folgend, an der Küste gestrandet und im Handumdrehen ausgeplündert worden.

Der heilige Narr

Deutlich gottgefälliger ging es hingegen im Hinterland zu: Nahe des beschaulichen Städt-

chens Le Folgoët lebte im 14. Jahrhundert ein Mann namens Salaün an einer Quelle im Wald. Er stand in dem Ruf, rechtschaffen, aber einfältig zu sein, und sprach Zeit seines Lebens immer nur die Worte »Ave Maria«. Als aber nach seinem Tod eine weiße Lilie auf seinem Grab wuchs, auf der in goldenen Lettern »Ave Maria« zu lesen war, wurde der zu Lebzeiten Belächelte als Heiliger verehrt. Schon bald wurde dort, wo er gelebt hatte, eine Kirche gebaut. Den Grundstein für das Gotteshaus legte Herzog Jean V. de Bretagne (1339–1399) zum Dank dafür, dass er als Sieger aus dem bretonischen Erbfolgekrieg hervorgegangen war. Heute ist die Kirche Notre-Dame de Folgoët (»Unsere Liebe Frau vom Narren im Walde«) am ersten Sonntag im September das Ziel einer der wichtigsten Wallfahrten der Bretagne.

Die Havarie der Amoco Cadiz

Die Gewässer vor der Westküste des Départements Finistère (»Ende der Welt«) sind ein gefährliches Fahrwasser: Überall lauern Felsen und Riffe, starke Strömungen und zahlreiche Inseln erschweren die Navigation. Besonders tückisch ist der Küstenabschnitt, der bei Plouguerneau beginnt. Eine ganze Reihe von Leuchttürmen weist hier den Schiffen den Weg. Der Grand Phare (1897–1902) auf der Île Vierge ist der höchste gemauerte in ganz Europa. Jenseits der Côte des Abers mit ihren tief ins Landesinnere reichenden Mündungstälern erinnert im Hafenstädtchen Portsall ein gewaltiger Anker an eine der größten Umweltkatastrophen der Bretagne: Die Havarie des Tankers Amoco Cadiz im Jahr 1978 führte zu einer Ölpest, bei der rund 400 Kilometer Küste verseucht wurden.

Das idyllische Hafenstädtchen Le Conquet mit seinen steilen Gassen war einst ein gefürchtetes Korsarennest. Heute legen hier die Schiffe zur Île d'Ouessant ab. Zwischen der Insel und dem Festland verläuft die berüchtigte Passage du Fromveur. Bei Sturm und Nebel ist das Eiland oft für Tage von der Umwelt abgeschnitten. Auf der Pointe Saint-Mathieu an der Einfahrt zur Rade von Brest waren Mönche die ersten Leuchtturmwärter. Aus Dank für eine Rettung aus Seenot wurde im 6. Jahrhundert ein Benediktinerkloster auf diesem Felskap gestiftet, dessen Bewohner jede Nacht ein großes Leuchtfeuer entzündeten. Heute erhebt sich neben der eindrucksvollen Klosterruine der 1835 in Betrieb genommene große Leuchtturm, dessen Licht mehr als 50 Kilometer weit auf das Meer hinausleuchtet.

UNTERWEGS AUF DEM ZÖLLNERPFAD

Auf rund 2000 Kilometern Länge folgt der Sentier des Douaniers, der »Zöllnerpfad«, der bretonischen Küstenlinie von der Bucht des Mont Saint-Michel im Norden bis zur Hafenstadt Saint-Nazaire im Süden. Dieser Fernwanderweg, der im Jahr 2008 als Grande Randonnée 34 (GR) in ganzer Länge freigegeben wurde, zählt seither zu den längsten und beliebtesten Wanderwegen Frankreichs. Seinen Namen verdankt er den *gabelous*, den Zollbeamten, die auf Geheiß des Sonnenkönigs Ludwig XIV. auf diesen schmalen Küstenpfaden patrouillierten. Vom 17. bis ins 20. Jahrhundert hinein gingen die Zöllner hier Streife und machten Jagd auf Schmuggler und Plünderer, die sich die unübersichtliche Küstenlinie mit den zahllosen Buchten, Landzungen und Höhlen zunutze machten. Heute eignet sich der gut ausgebaute und beschilderte Weg sowohl für kurze Spaziergänge als auch für ausgedehnte Wanderungen.

WEITERE INFORMATIONEN:

www.mongr.fr,
www.tourisme-lesneven-cotedeslegendes.fr,
www.ot-ouessant.fr,
www.pays-iroise.bzh

Die Hebebrücke Pont de Recouvrance ist eines der Wahrzeichen von Brest (oben). Im mittelalterlichen Wehrturm Tour Tanguy erwecken detailgetreue Dioramen die Stadtgeschichte von Brest zum Leben (rechts).

20 Dem Meer verbunden – Brest

Eine moderne Stadt mit Geschichte

Im Bombenhagel des Zweiten Weltkriegs ist das alte Brest beinahe vollständig untergegangen. Beim Wiederaufbau hat sich die Stadt als fortschrittliche Metropole neu erfunden, ohne dabei ihre Wurzeln aus dem Blick zu verlieren. So präsentiert sich die Hafenstadt heute als modernes Gemeinwesen, in dem einzelne historische Wahrzeichen liebevoll gepflegte Akzente setzen.

Für eine Hafenstadt könnte die Lage nicht besser gewählt sein: Brest liegt an einer geschützten Bucht, die nur durch einen schmalen Durchlass mit dem offenen Meer verbunden ist. Schon die Römer legten hier eine Siedlung an. Die Rade von Brest – groß genug, um einer ganzen Flotte von Kriegsschiffen Platz zu bieten, strategisch günstig gelegen und gut zu verteidigen – weckte zu allen Zeiten Begehrlichkeiten.
Schon im Mittelalter wurde Brest zum Spielball der Mächte: Mal stand die Stadt unter englischer Herrschaft, mal hatten hier die Bretonen, mal Frankreich das Sagen. Kardinal Richelieu (1585–1642), ein gewiefter Stratege und politischer Strippenzieher, gab den Anstoß dazu, die Stadt zu einem Kriegshafen auszubauen. Diesen sicherte gegen Ende des 17. Jahrhunderts der berühmte Festungsbaumeister Vauban (1633–1707) mit soliden Bollwerken ab. Im Windschatten der militärischen Nutzung entwickelte sich Brest auch zu einem bedeutenden Handelsplatz. Nachdem der Hafen während der deutschen Besatzungszeit zu einer U-Boot-Basis ausgebaut worden war, bombardierten die alliierten Truppen Brest im Jahr 1944 insgesamt 43 Tage lang. Nur einige wenige historische Gebäude entgingen wie durch ein Wunder der großflächigen Zerstörung.

P615
GENDARMERIE
MARITIME

Die Brücke Pont de l'Iroise überspannt seit 1994 den Fluss Elorn (unten). Eine Seilbahn erweitert seit November 2016 das städtische Nahverkehrsnetz (ganz unten). Der Jardin de l'Académie de la Marine zieht sich am Hafenrand entlang (rechts oben). Im Meeresaquarium Océanopolis ist die Unterwasserwelt zum Greifen nahe (rechts unten).

Ein glückliches Händchen

So mancher Brestois konnte sich nur schwer mit dem dezidiert modernen neuen Brest anfreunden, das auf den Ruinen des alten errichtet wurde. An die Stelle der verwinkelten Gassen trat ein geometrisches Gitternetz von Straßen, an denen sich zweckmäßige Gebäude schnurgerade aneinanderreihen. Das alles könnte unpersönlich, steril und abweisend wirken. Doch die Architekten der neuen Stadt hatten in mehr als einer Hinsicht ein glückliches Händchen: Zum einen verloren sie bei ihren Entwürfen nicht die ursprünglichen Proportionen aus den Augen: Die meisten Häuser begnügen sich mit drei oder vier Etagen, Monumentalbauten wie das Rathaus sind glücklicherweise die Ausnahme. Vor allem aber wurde das neue Brest großzügig begrünt, unter anderem mit Hunderten von Platanen – das verleiht der Stadt bei aller Sachlichkeit ein freundliches Gesicht.

Der Hafen von Brest ist bis heute ein zentraler Wirtschaftsfaktor, auch in touristischer Hinsicht: Seit 2012 findet dort alle vier Jahre das Marinefest »Fêtes Maritimes Internationales de Brest« statt, zu dem sich Hunderte von Schiffen aus aller Welt einfinden. Die Universitätsstadt steht auch sonst in einer engen Beziehung zur See und genießt unter anderem einen hervorragenden Ruf auf den Gebieten der Meeresforschung und der Schifffahrtstechnik.

Besuch aus Siam

Brest liegt zu beiden Seiten des Flusses Penfeld. Am linken Ufer erstreckte sich das historische Stadtzentrum. Von diesem ältesten Teil Brests, der zwischen dem Penfeld-Ufer und der heutigen Place de la Liberté lag, ist so gut wie nichts übriggeblieben. Zu den wenigen erhaltenen Zeugen vergangener Zeiten gehört das am Wasser gelegene Schloss. Seine Ursprünge reichen bis ins 13. Jahrhundert zurück, heute wird es von der Militärverwaltung genutzt. Im Ostteil können Besucher ein stimmungsvolles Marinemuseum entdecken.

Vom Schloss aus verläuft eine baumbestandene Promenade, der Cours Dajot, parallel zum Sport- und zum Handelshafen. Der Quai de la Douane (»Zollkai«) direkt am Hafenrand hat sich zu einer beliebten Restaurant- und Ausgehmeile gemausert; während der Sommermonate finden hier jeden Donnerstagabend Konzerte statt.

Das Rückgrat des Stadtzentrums am linken Ufer war und ist aber die Rue de Siam. Die beliebte Einkaufsstraße, vor dem Krieg eine elegante Flaniermeile, trägt ihren exotischen Namen seit 1686. Sie erhielt ihn zu Ehren einer Delegation aus Siam, die seinerzeit der Stadt einen Besuch abstattete. Von der Rue de Siam, die vom Fluss aus sanft bergauf Richtung Rat-

haus führt, empfehlen sich kleine Schlenker nach rechts und links. Das Musée des Beaux Arts hat seine im Krieg zum Teil zerstörte Sammlung mit viel Expertise wieder aufgebaut und lohnt einen Besuch. Vom sehr nüchternen, beinahe abweisenden Äußeren der 1958 geweihten Église Saint-Louis sollte man sich nicht abschrecken lassen: Der schön proportionierte, schlichte Innenraum mit den ausdrucksvollen Glasfenstern verdient auf jeden Fall einen Blick.

Seilbahn und seltene Pflanzen

Das rechte Ufer mit dem Stadtteil Recouvrance wurde lange von der Kriegsmarine geprägt. Hier lagen die Wohnquartiere der Werft- und Hafenarbeiter, die militärischen Hafenanlagen und das Arsenal. Inzwischen hat sich der Militärhafen südwärts verlagert. Die Drehbrücke, die Recouvrance seit 1861 mit dem jenseitigen Ufer verband, wurde im Krieg zerstört. Sie wurde 1954 durch den Pont de Recouvrance, eine der größten Hebebrücken Europas, ersetzt. Ihr 87 Meter langer Mittelteil lässt sich bei Bedarf um bis zu 26 Meter anheben, sodass auch große Schiffe passieren können. Eine weitere spektakuläre Verkehrsverbindung ist die im November des Jahres 2016 eröffnete Téléphérique. Die 460 Meter lange Standseilbahn gehört zum öffentlichen Nahverkehrsnetz und führt vom Stadtzentrum quer über den Fluss hinüber zu einem ehemaligen Militärgelände am rechten Ufer. Hier entsteht seit 2015 das neue, ökologisch ausgerichtete Stadtquartier Les Capucins, in dem eine ultramoderne Mediathek ein Highlight darstellt. Im alten Befestigungsturm Tour Tanguy, der heute als stadtgeschichtliches Museum genutzt wird, vermitteln detailreiche Dioramen eine Vorstellung vom alten Brest.

Der nahegelegene botanische Garten Jardin des Explorateurs (»Garten der Entdecker«) wurde 1694 begründet. Er erinnert an die Zeit, als Entdeckungs- und Forschungsreisende auf Geheiß der Krone exotische Pflanzen aus aller Herren Länder mitbrachten. Auch die heute landestypische Hortensie gelangte auf diese Weise in die Bretagne – ursprünglich war sie nämlich auf der Insel Mauritius beheimatet. Im stadtauswärts gelegenen Conservatoire botanique werden vom Aussterben bedrohte Pflanzenarten aus fünf Kontinenten gehegt und gepflegt. Diese botanische »Arche Noah« existiert seit den 1970er-Jahren und war seinerzeit die erste derartige Einrichtung weltweit.

EINFACH MEER ERLEBEN!

Majestätisch zieht der Hai seine Bahn durch das große Aquarium, wechselt mit einem beiläufigen Flossenschlag urplötzlich die Richtung und schwimmt nun direkt auf das runde Bullauge aus Panzerglas zu. Die Besuchergruppe, die sich dahinter drängt, tritt unwillkürlich einen großen Schritt zurück … Das 1990 eröffnete Meeresaquarium Océanopolis am Yachthafen von Brest bietet viele Möglichkeiten, Meeresbewohner ganz aus der Nähe kennenzulernen. Mit manchen von ihnen dürfen die Besucher an den Becken des »Streichelzoos« auf Tuchfühlung gehen. In dem modernen Gebäudekomplex kann man die Unterwassertier- und pflanzenwelt verschiedener Klimazonen erkunden, die in speziellen Druckbehältern lebenden Tiefseekrabben bestaunen oder in der Seehundstation einen Blick in die Kinderstube werfen, in der verwaiste Heuler aufgepäppelt werden. Kein Wunder, dass das Océanopolis zu den beliebtesten touristischen Attraktionen der Bretagne zählt!

WEITERE INFORMATIONEN:

www.oceanopolis.com,
www.brest-metropole-tourisme.fr,
www.musee-marine.fr,
www.musee-brest.com

Ein Denkmal erinnert an der Pointe de Penhir an die Bretonen, die an der Seite der Alliierten gegen die deutschen Besatzungstruppen kämpften.

21 Eine große Portion Ferienglück – Die Halbinsel Crozon

Ein König mit Pferdeohren

Der französische Industrielle Peugeot erkor schon vor gut 100 Jahren den kleinen Sardinenfischerhafen Morgat auf der Halbinsel Crozon zu seinem bevorzugten Urlaubsdomizil. Seinem Beispiel folgen bis heute viele Urlauber – nicht ohne Grund …

Die wie ein Kreuz geformte Halbinsel bezaubert ihre Besucher mit einer höchst abwechslungsreichen Landschaft. In früheren Zeiten stand eher ihre strategische Bedeutung im Vordergrund – von hier aus ließ sich das Kommen und Gehen in der Rade von Brest bestens kontrollieren. Der Name der Pointe des Espagnols (»Spanierspitze«) erinnert an den erfolglosen Versuch spanischer Soldaten, im Jahre 1589 dieses Kap zu besetzen. Auch der hübsche Ort Camaret war mehr als einmal das Ziel von Eroberungsversuchen. Zu seinem Schutz wurde ab 1689 am Hafen die mächtige Tour Vauban errichtet. An der Pointe de Penhir nahe Camaret stürzen die Klippen rund 70 Meter tief ins Meer, das spektakuläre Cap de la Chèvre (»Ziegenkap«) ragt sogar gut 100 Meter hoch empor. Bei Morgat hat das Meer eine Reihe von Grotten ausgehöhlt – etwa die 80 Meter tiefe Grotte de l'Autel (»Altargrotte«).

Arg gebeutelt wurde der legendäre König Marc'h von Cornouaille, der auf dem erloschenen Vulkankegel des Ménez-Hom gelebt haben soll: Aufgrund eines Fluchs wuchsen ihm schon zu Lebzeiten Pferdeohren. Und auch im Tode findet er keine Ruhe: Als Strafe für diverse Sünden tut sich für ihn erst dann das Himmelstor auf, wenn man von seinem Grabhügel Ar Bern-Mein an der Flanke des Berges die Kapelle Seinte-Marie du Ménez-Hom sehen kann. Mitleidige Seelen legen darum immer wieder Steine auf sein Grab …

Infos: www.crozon-tourisme.bzh

22 Aus der Zeit gefallen – Locronan

Der mittelalterliche Marktplatz von Locronan diente schon in diversen Historienfilmen als Schauplatz.

Auf den Spuren des heiligen Ronan

Mit seinem perfekt erhaltenen mittelalterlichen Ortskern ist Locronan immer wieder eine gefragte Filmkulisse. Ein Schauspiel ganz anderer Natur ist die große Prozession zu Ehren des heiligen Ronan, die nur alle sechs Jahre stattfindet.

In einem steinernen Trog – so will es die Legende – überquerte der irische Mönch Ronan einst das Meer und ließ sich in der Bretagne nieder. Von seiner Einsiedlerklause aus drehte der fromme Mann fortan täglich betend seine Runden. Alle sieben Tage marschierte er eine besonders große Strecke. Diesem Weg folgen alle sechs Jahre jeweils am zweiten und dritten Sonntag im Juli bei der sogenannten Grande Troménie zahlreiche Pilger. Tausende von Menschen, viele davon in traditionellen Trachten, ziehen dann unter der strahlenden Julisonne hinter den bestickten Bannern ihrer jeweiligen Gemeinde her.

Damit der Pilgerstrom exakt auf den Spuren des Heiligen wandeln kann, werden Schneisen durch Felder geschlagen und provisorische Brücken gebaut. Die nächste große Troménie findet 2019 statt. In den Jahren dazwischen absolvieren die Gläubigen jeweils am zweiten Julisonntag die deutlich kürzere Petite Troménie.

Der malerische Ortskern von Locronan lohnt zu jeder Jahreszeit einen Besuch: Um den gepflasterten Platz reihen sich 14 stattliche Häuser aus Granit und die dem heiligen Ronan geweihte Kirche. Das komplett erhaltene Ensemble ist nur zu Fuß zu erkunden; für Autos und Busse gibt es einen Parkplatz am Rand des kleinen Ortes, der im Mittelalter durch die Leinenweberei zu beträchtlichem Wohlstand kam. Im 15. Jahrhundert waren die hiesigen Tuche ein echter Exportschlager – selbst die Flotte von Christoph Kolumbus soll mit Segeln aus Locronan gen Amerika gesegelt sein.

Infos: www.locronan-tourisme.com

Vor der Pointe du Raz trotzt der Leuchtturm La Vieille Wind und Wellen (oben). Von der Baie des Trépassés aus sollen die Kelten ihre verstorbenen Druiden auf die Île de Sein übergesetzt haben (rechts oben). Oberhalb der Bucht liegt die Kapelle Saint-They (rechts unten).

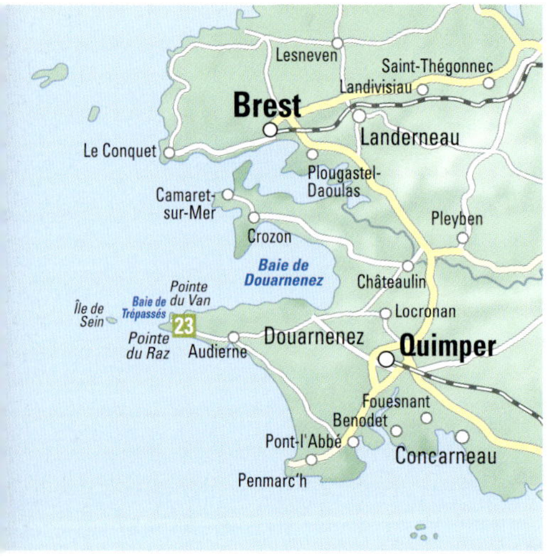

23 Am Ende der Welt – Die Pointe du Raz

Fels in der Brandung

Fantasievolle Menschen sehen in der Küstenlinie der Bretagne einen Drachenkopf, der sich ins Meer hinausreckt und mit weit aufgerissenem Rachen gierig nach den Wellen schnappt. Wehe dem Seemann, der an der Pointe du Raz dem Maul des Fabeltiers zu nahe kommt!

Wenn die Bretagne ein Drachenkopf ist, dann ist die rund 30 Kilometer lange Landzunge Cap Sizun dessen Unterkiefer, an dessen äußerstem westlichen Ende die beiden Felskaps Pointe du Raz und Pointe du Van wie zwei Fangzähne herausragen. An der Pointe du Raz, die sich mit schroffen Felsen und tiefen Klüften dem Meer entgegenstemmt, hat man den Drachen etwas domestiziert – zu seinem eigenen Schutz.

Der Fluch der Popularität

Das Kap, der letzte Außenposten des Festlands im Atlantischen Ozean, war bereits im ausgehenden 19. Jahrhundert ein beliebtes touristisches Ziel. Im 20. Jahrhundert nahm die Zahl der Besucher immer weiter zu. Hotels und Andenkenläden entstanden, und die unvergleichliche Landschaft drohte unter dem Ansturm der Menschenmassen irreparablen Schaden zu nehmen. Aus diesem Grund wurde das Kap in den 1990er-Jahren als Grand Site de France unter besonderen Schutz gestellt. Um die fragile Natur vor Schaden zu bewahren, werden die Besucherströme seither konsequent kanalisiert. Früher konnte man kreuz und quer durch das Terrain laufen, in den Klippen herumklettern und auf ausgetretenen Trampelpfaden unmittelbar an der Kante schwindelerregender Felsklüfte entlangbalancieren – heute muss man sein Auto auf einem riesigen gebührenpflichtigen Parkplatz abstellen, passiert ein mo-

Die Klippen und Felsen an der Pointe du Van bieten vielen Seevögeln geschützte Nistplätze (unten). Der Leuchtturm auf der Île de Sein überragt die bunten Häuser am Hafen (rechts oben). Zahlreiche Leuchttürme und Seezeichen weisen an der Atlantikküste den Schiffen den Weg (rechts unten).

dernes Info- und Ladenzentrum, das sich diskret in die Umgebung einfügt, und darf die Pointe du Raz dann auf einem gut ausgebauten, sieben Kilometer langen Netz von befestigten Wegen erkunden. Abseits der Wege sorgte ein umfassendes Renaturierungsprogramm dafür, dass sich die Vegetation wieder erholen konnte, die zuvor von rund einer Million Besucher pro Jahr in Grund und Boden getrampelt worden war.

Insel der Helden, Helden der Insel

Oben auf den Felsen richtet seit 1904 die Statue der Notre-Dame des Naufragés (»Unsere liebe Frau der Schiffbrüchigen«) ihren milden Blick aufs Meer hinaus: auf den Leuchtturm La Vieille (1887), der auf einem Felsen vor der Pointe emporragt und erst 1995 automatisiert wurde, und auf die Île de Sein, die sich weiter draußen als flacher Buckel vor dem Horizont abzeichnet. Zwischen der Pointe du Raz und der Île de Sein verläuft die gefährliche Meeresströmung Raz de Sein. Sie war unter den Seeleuten früher so gefürchtet, dass ein geflügeltes Wort lautete: »Qui voit Sein voit sa fin.« Das heißt so viel wie: »Wer Sein erblickt, sieht seinem Ende entgegen.«

Auch für die Bewohner der Insel war das Leben ein ständiger Kampf gegen die Naturgewalten. Die Männer fuhren zur See, die Frauen trotzten dem Land auf winzigen, mit Steinmauern vor dem Wind geschützten Parzellen eine karge Ernte ab. Da bei hohen Fluten immer wieder Teile der Île de Sein vom Meer überspült wurden, hatte selbst der Finanzminister des verschwenderischen Sonnenkönigs Ludwigs XIV., Jean-Baptiste Colbert (1619–1683), ein Einsehen und erließ den Sénans die Grundsteuer. Während des Zweiten Weltkriegs rief General de Gaulle (1890–1970) im Juni 1940 aus dem Exil in London die Franzosen dazu auf, sich den Forces françaises libres (»Streitkräfte für ein freies Frankreich«) anzuschließen und den Widerstand gegen die deutsche Besatzung zu unterstützen. Diesem Appell folgten mehr als 100 Männer von der Île de Sein. Sie machten anfangs rund ein Viertel der gesamten französischen Exilarmee aus. Heute ist die Insel mit den pastellfarbenen Häusern ein beliebtes Ziel für Tagesausflügler. Mit etwas Glück kann man während der Überfahrt Delfine im Heckwasser des Schiffes spielen sehen, die in den Gewässern rund um die Insel leben.

Das bretonische Atlantis

Zwischen der Pointe du Raz und der ebenfalls spektakulär schönen Pointe du Van erstreckt sich die Baie des Trépassés, die »Bucht der Hinübergegangenen«, mit ihrem feinsandigen weißen Strand. Für ihren düster klingenden

Namen gibt es unterschiedliche Erklärungen: Eine führt ihn darauf zurück, dass hier die Leichname ertrunkener Seeleute angespült wurden, deren Schiffe vor der Pointe du Raz gesunken waren. Eine andere besagt, dass einst die Kelten ihre verstorbenen Druiden von hier aus auf einer Barke zur Île de Sein übersetzten, um sie dort zu bestatten. Die märchenhafteste Erklärung aber ist die, dass in dieser Bucht das bretonische Atlantis, die sagenumwobene Stadt Ys, versunken sei.
Die Pracht und Schönheit dieser Stadt – so will es die Legende – sei so einzigartig gewesen, dass die französische Hauptstadt Paris nach ihr benannt worden sei: *Par Ys* – »(so schön) wie Ys« … Unter der Führung des weisen Königs Gradlon ging es den Bürgern von Ys blendend. Doch das gute Leben war schlecht für die Moral. Müßiggang und Laster machten sich in der Stadt breit. Am tollsten trieb es Dahut, die Tochter der Königs: Sie nahm sich wechselnde Liebhaber, die sie kurzerhand umbrachte, wenn sie ihrer überdrüssig war. Die Leichen warf sie von einer hohen Felsgalerie an der Pointe du Raz, die heute noch die »Hölle von Plogoff« genannt wird. Angeblich klingt hier im Rauschen der Wellen das Stöhnen der verlorenen Seelen mit …

Eine Messe für die Prinzessin

Die reiche Stadt voller Sünder rief den Teufel auf den Plan, der sich in Gestalt eines schönen Jünglings an die böse Prinzessin heranmachte. Mit List und Schmeichelei luchste er ihr den Schlüssel für die Deichtore ab, die die Stadt vor den Fluten schützten. In der Nacht öffnete der Teufel die Schleusen und die Stadt versank mit Mann und Maus. Nur König Gradlon, den der heilige Guénolé gewarnt hatte, sprengte hoch zu Ross der Flut davon. Doch als er seine Tochter hinter sich auf den Sattel zog, kam das Pferd plötzlich nicht mehr voran. Erst als Saint-Guénolé mit seinem Bischofsstab die sündige Prinzessin aus dem Sattel stieß, entkam Gradlon den Wogen und machte die Stadt Quimper zur neuen Hauptstadt. Seine frevelhafte Tochter aber wurde verflucht. Sie wird erst dann Frieden finden, wenn jemand an einem Karfreitag in einer der Kirchen der versunkenen Stadt eine Messe für sie liest.

LEUCHTTÜRME: DIE UNVERZICHTBAREN HELFER

Tückische Strömungen, Felsen und Riffe machen die Navigation in den Gewässern der Bretagne zu einem gefährlichen Unterfangen. Darum weisen entlang ihrer Küste und rund um die vorgelagerten Inseln eine ganze Reihe von Leuchttürmen den Schiffen den Weg. Die Leuchtturmwärter selbst klassifizierten ihre Arbeitsplätze so: Als »Paradies« galten Leuchttürme an Land, als »Fegefeuer« solche auf Inseln, und als »Hölle« diejenigen, die auf einem Felsen im Meer errichtet wurden. Man mag sich nicht vorstellen, wie hart das Leben auf dem sechs Seemeilen jenseits der Île de Sein isoliert gelegenen Leuchtturm Ar Men (1867–1881) gewesen sein mag: Ihn nannten die Leuchtturmwärter die »Hölle der Höllen«. Der vor der Pointe du Raz auf einem Felsen erbaute Leuchtturm La Vielle wurde 1995 als vorletzter frei im Meer stehender Leuchtturm automatisiert – bis dahin taten dort stets zwei Leuchtturmwärter Dienst.

WEITERE INFOS:

http://mairie-iledesein.com/phares.htm,
www.pointeduraz.com,

Ohne Unterlass donnern die Wogen
gegen die Pointe du Raz.
Am Horizont ist die Île de Sein zu sehen.

Die namensgebende Brücke von Pont-l'Abbé ist komplett mit Häusern überbaut (oben). Das anrührende Denkmal am Hafenrand zeigt fünf Frauen und Mädchen in Tracht, die um ihre Lieben auf See bangen (rechts).

24 Die Hauptstadt des Bigouden-Landes – Pont-l'Abbé

Die »bretonischste Stadt der Bretagne«

Das Bigouden-Land (bretonisch: Bro Vigoudenn) erstreckt sich im Südwesten des Départements Finistère. Seine Hauptstadt, Pont-l'Abbé, verdankt ihren Namen der »Brücke des Abts«, die das Ortsbild prägt. Schlendert man heute am Hafenrand entlang, kann man sich kaum vorstellen, dass in diesem beschaulichen Städtchen im 17. Jahrhundert aufständische Bauern das Stadtschloss in Schutt und Asche legten.

Das Pays Bigouden erstreckt sich vom Hafen Pors-Poulhan bei Audierne, wo das Denkmal einer Fischersfrau in Tracht als symbolischer »Grenzstein« fungiert, bis zum Mündungstrichter des Odet. Es umfasst neben Teilen der Bucht von Audierne auch die Halbinsel Penmarc'h. In den Augen vieler Urlauber stellt das Bigouden-Land quasi die Quintessenz der Bretagne dar, von den auffallenden Spitzenhauben, die zu den weiblichen Trachten gehören, über die teils sandige, teils felsige Küste mit ihren pittoresken Fischerhäfen und den vielen Kirchen und Kapellen bis hin zu den Menhiren. Die steinernen Monumente erinnern an die ersten Siedler in prähistorischer Zeit.

Das Pferd des Stolzes

In der Bretagne selbst aber galten die Bigoudens lange als Exoten. Aufgrund ihrer markanten Gesichtszüge mit hohen Wangenknochen und mandelförmigen Augen kursierten im 19. Jahrhundert allerlei Mutmaßungen über ihre »wahre« Herkunft: Stammten sie ursprünglich von den Phöniziern ab? Von den Mongolen? Oder den Inuit? Oder kam die ungewöhnliche Form der Augen vielleicht daher, dass die Frauen in diesem Landstrich ihre Haare traditionell sehr straff zurückbanden? Fest steht: Die Grenzen des Bigouden-Landes folgen keinen topografischen oder politischen Trennlinien. Das Bro Vigoudenn definiert sich vielmehr über

F. BAZIN 1931
AUX BIGOUDENS

Die hohen, röhrenförmigen Hauben sind typisch für die Tracht des Bigouden-Lands (unten). Am dritten Augustwochenende lockt das Festival »Mondial´Folk« Scharen von Besuchern ins sonst eher beschauliche Plozévet (oben rechts). Die Kirche von Lambour büßte ihre Kirchturmspitze im Zuge einer Strafaktion ein (rechts unten).

kulturelle Gemeinsamkeiten, über bestimmte Bräuche, Tänze und Traditionen.

Auch einer der bekanntesten Dichter der Bretagne war im Bigouden-Land zu Hause: In Pouldreuzic-Penhors erinnert ein kleines Museum in seinem Geburtshaus an Pêr-Jakez Hélias (1914–1995), der in seinem autobiografisch geprägten Buch *Le Cheval d'orgueil* (»Das Pferd des Stolzes«) dem harten Leben der Kleinbauern ein literarisches Denkmal setzte. Es wurde in 18 Sprachen übersetzt und von Claude Chabrol verfilmt.

Die Landschaft des Bigouden-Landes ist vielfältig und abwechslungsreich: So zieht sich an der rund 10 Kilometer langen Bucht von Audierne ein breiter Streifen glatt geschliffener Steine entlang. Dieser Kieselstrand (Ero Vili) steht ebenso unter Naturschutz wie weite Teile des Hinterlandes. Letzteres besteht aus Dünen und Teichen und stellt eines der wichtigsten Zugvogelgebiete Frankreichs dar. Seit den 1980er-Jahren werden im Bigouden-Land Blumenzwiebeln angebaut, im Frühjahr blühen mancherorts Tausende von Tulpen und Hyazinthen. Pflanzenfreunde zieht es nach Combrit, wo der rund 4 Hektar große Parc botanique de Cornouaille zur Zeit der Rhododendronblüte ein farbenprächtiges Schauspiel bietet. Der herrliche botanische Garten beherbergt auch mehr als 200 Rosen- und über 500 Kamelienarten, die in dem milden Klima gut gedeihen.

Die Brücke des Abts

Im Mittelalter war das Bigouden-Land nicht zuletzt aufgrund der einträglichen Kabeljaufischerei ausgesprochen wohlhabend. In der Hauptstadt Pont-l'Abbé florierte der Handel. Bereits im 7. Jahrhundert ließ ein Abt die erste, namensgebende Brücke über den tief ins Land hineinreichenden Meeresarm schlagen, an dessen Ende Pont-l'Abbé (bretonisch: Pont 'n Abad) liegt. Der Brückenzoll, den jeder zu entrichten hatte, mehrte den Reichtum der Barone du Pont, die ab dem 12. Jahrhundert die Geschicke der Hafenstadt lenkten. Zum Schutz ihrer Einnahmequelle ließen die du Ponts im 14. Jahrhundert ein wehrhaftes Schloss errichten. Die Brücke selbst ist auf ihrer ganzen Länge mit Häusern und Ladengeschäften überbaut; sie ist damit eine von nur noch neun »bewohnten Brücken«, die in Frankreich erhalten geblieben sind. In die Bebauung integriert ist eine Gezeitenmühle.

Das Fest der Stickerinnen

1633 wütete die Pest in der Hafenstadt, die der Dichter Guy de Maupassant (1850–1893) einmal die »bretonischste Stadt der Bretagne« genannt hat. Rund 40 Jahre später war Pont-l'Abbé dann die Keimzelle der »Stempelpapier-

revolte«. Diesem Bauernaufstand fielen auch Teile des Stadtschlosses zum Opfer. Der mächtige Wehrturm aus dem 15. Jahrhundert überstand die Attacke und beherbergt heute ein Museum zur Geschichte des Bigouden-Landes. Sehenswert ist die Sammlung prächtig bestickter Trachten. Diese kunstvollen Nadelarbeiten übten im Bigouden-Land sowohl Männer wie Frauen aus. Das stimmungsvolle Trachtenfest Fête des Brodeuses (»Fest der Stickerinnen«), das jeweils am zweiten Wochenende im Juli gefeiert wird, erinnert an diese kunsthandwerkliche Tradition. Die Überreste des Schlosses wurden verkauft; der neue Eigentümer ließ es im Stil des 18. Jahrhunderts wieder aufbauen. Die Französische Revolution veränderte das Gesicht der Stadt erneut: Mehrere Kapellen und das Schloss wurden abgerissen und die Steine als Baumaterial verwendet. Außerdem benannten die revolutionären Eiferer Pont-l'Abbé zeitweilig in Pont Libre (»freie Brücke«) um. Mitte des 19. Jahrhunderts erwarb die Stadt die Schlossruine, stellte es wieder her und nutzt es seither als Rathaus. Am Hafen erinnert am Quai Saint-Laurent ein anrührendes Denkmal von 1931 an die auf See gebliebenen Männer: Es zeigt fünf in Tracht gekleidete Frauengestalten, vom jungen Mädchen bis zur alten Frau, die nach vermissten Schiffen Ausschau halten. Gleich in der Nähe ist die ab dem 14. Jahrhundert erbaute Kirche Notre-Dame-des-Carmes das einzige Überbleibsel eines Karmeliterklosters. Bemerkenswert ist die ungewöhnliche Dachform des 1603 errichteten Glockenturms mit den auskragenden Klanghutzen.

Land unter auf der Île Tudy

Schiffe, die Pont-l'Abbé ansteuern, fahren bei der Einfahrt in den Meeresarm zwischen dem Langustenfischerhafen Loctudy und der (Halb-)Insel Île Tudy hindurch. Letztere wurde erst 1852 durch einen Deich mit dem Festland verbunden und gegen die Gewalt des Meeres befestigt. Zuvor wurde das Eiland bei Sturmflut immer wieder überflutet. Die kleinen Fischerhäuschen öffnen sich durchweg nur zur dem Wind abgewandten Seite. Ihren Namen verdanken Ort und Insel dem heiligen Tugdual oder Tudy, der sich im 5. Jahrhundert als Einsiedler auf der Île Tudy niederließ. Heute fände der fromme Mann hier wohl keine Ruhe mehr: Hafen und Insel sind vor allem im Sommer sehr beliebte Ausflugsziele.

DER KÖNIG, DER DIE KIRCHEN KÖPFTE

Die Ankündigung neuer Steuern löste 1675 in der Bretagne einen Aufstand aus. Vor allem im Bigouden-Land erhoben sich die *bonnets rouges* (»Rotmützen«) gegen die sogenannten »Stempelpapiersteuer«. Die aufständischen Bauern brannten das Schloss in Pont-l'Abbé nieder und forderten nicht nur die Rücknahme dieser Steuer, sondern auch mehr Freiheiten und Selbstbestimmungsrechte. Der Monarch ließ den Aufstand blutig niederschlagen und die Turmspitzen in den rebellischen Kommunen niederreißen – eine drakonische Strafe, war doch ein hoher, schöner Kirchturm zu jener Zeit der ganze Stolz jeder bretonischen Gemeinde. Auch die Kirche Saint-Jacques de Lambour in Pont-l'Abbé wurde damals geköpft. Angeblich sollen die Bigoudènes aus Protest gegen diese Strafmaßnahmen angefangen haben, die typischen, bis zu 30 Zentimeter hohen, röhrenförmigen Hauben zu tragen – sozusagen als Ersatz für die enthaupteten Kirchtürme.

WEITERE INFOS:

https://ville-pontlabbe.bzh, www.ot-pontlabbe29.fr, http://www.finistere-tourismus.com/die-handelsstadt-pont-l-abbe, www.fetedesbrodeuses.com

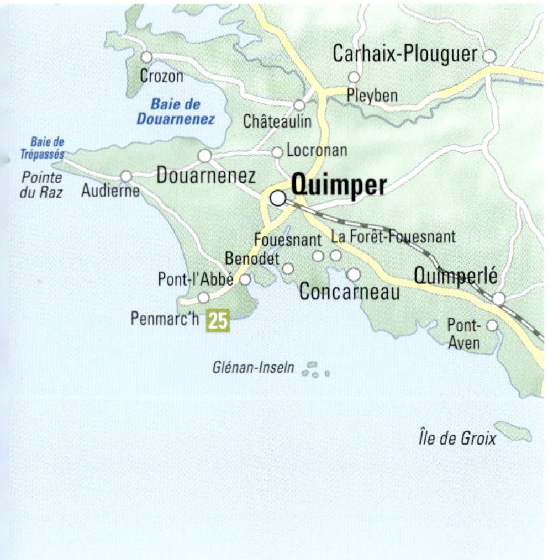

25 Die Halbinsel Penmarc'h – Surferglück und Kulturgenuss

Die Kathedrale in den Dünen

Wassersportler bekommen beim Stichwort »La Torche« leuchtende Augen: Der langgezogene Sandstrand auf der Halbinsel Penmarc'h gilt in Surferkreisen als Traumlocation. Nicht weit entfernt steht neben einer einsamen Kapelle im Dünengürtel der älteste Calvaire der Bretagne, ein in Stein gemeißeltes Denkmal der Frömmigkeit.

In der Bucht von La Torche treffen sich Surfer auf der Suche nach der perfekten Welle (unten). Le Guilvinec ist ein betriebsamer Fischereihafen auf der Halbinsel Penmarc'h (rechts oben); das interaktive Fischereimuseum Haliotika vermittelt dort allerlei Wissenswertes rund um den Fischfang (rechts unten).

Rund 25 Kilometer Sand und Kies, gegen die Tag und Nacht die Dünung anrennt – für Surfer und Funboarder ist das so etwas wie das Paradies auf Erden. Die Bedingungen sind so ideal, dass hier Weltmeisterschaften ausgetragen werden. Doch auch Badegäste finden schöne, familientaugliche Strandabschnitte. Auf der Landzunge Pointe de la Torche erhebt sich malerisch eine prähistorische Grabstelle; das kleine, feine prähistorische Museum in Saint-Guénolé zeigt zahlreiche interessante Ausgrabungsfunde. Die zweite touristische Attraktion des Sardinenfischerhafens sind die zerklüfteten Felsen nahe dem Strand von Pors Carn. Hinweisschilder warnen dort eindringlich davor, die Gewalt des Meeres zu unterschätzen. Ein schlichtes, in den Fels eingelassenes Kreuz erinnert daran, dass hier im Jahr 1870 eine unerwartet hohe Welle mehrere Menschen in den Tod riss.

Maria oben ohne

In der kleinen Gemeinde Saint-Jean-Trolimon liegt unweit des Strandes die einschiffige Kapelle Notre-Dame de Tronoën (um 1450), die wegen ihres markanten Turms mit den drei Spitzen auch »Kathedrale der Dünen« genannt wird. Daneben trotzt seit einem halben Jahr-

tausend der älteste Großcalvaire der Bretagne (1450–1470) der Witterung. Zwei Figurenreihen ziehen sich um seinen Sockel, darüber ragt die Kreuzigungsgruppe empor. Sehr ungewöhnlich ist die Darstellung von Christi Geburt, die Maria mit entblößten Brüsten zeigt. Links vom Kirchenportal ist hinter einem Pfeiler eine Männerfigur verborgen. Wenn man diesen Wächter während eines Unwetters flüstern hört, steht der Überlieferung zufolge der Weltuntergang unmittelbar bevor.

Massenmord im Mittelalter

Wer durch das hübsche, etwas verschlafene Penmarc'h fährt, ahnt nicht, dass es im Mittelalter eine bedeutende Stadt war, die in einer Liga mit Nantes spielte. Rund 10 000 Einwohner lebten hier recht einträglich vom Fischfang und von der Küstenschifffahrt. Bevor es hochseetaugliche Handelsschiffe gab, waren die Seeleute aus Penmarc'h, die die tückischen Küstengewässer wie ihre Westentasche kannten, gefragte Lotsen. Die Ortskirche Saint-Nonna von 1508 zieren darum in Stein gemeißelte Darstellungen von Schiffen. Doch dann schlug das Schicksal zu: 1595 überfiel der Räuberhauptmann La Fontenelle mit seinen Horden den nahezu unbefestigten Ort und ließ mehrere Tausend Einwohner brutal abschlachten.

Heute ist der Phare d'Eckmühl (1897) das bekannteste Wahrzeichen der Kommune: Mit stolzen 65 Metern Höhe zählt er zu den höchsten Leuchttürmen Frankreichs. Sein Bau wurde durch ein Vermächtnis ermöglicht: Adélaïde Louise Davout, Marquise de Blocqueville (1815–1892), hatte testamentarisch festgelegt, dass zu Ehren ihres verstorbenen Vaters Louis-Nicolas Davout, Prince d'Eckmühl (1770–1823) ein Leuchtturm an einem besonders gefährlichen Küstenabschnitt errichtet werden sollte. Der Platz war gut gewählt: Die hölzernen Schiffsmodelle im kleinen, unweit des Leuchtturms gelegenen Kirchleins Notre-Dame-de-la-Joie aus dem 15. Jahrhundert wurden einst von Seeleuten gestiftet, die hier für eine sichere Heimkehr beteten.

Kunst am Hafenrand

Auch das Hafenstädtchen Le Guilvinec steht ganz im Zeichen der Fischerei. Das »Ballett« der heimkehrenden Fischerboote, die in das enge Hafenbecken einlaufen, ist ein beeindruckendes Schauspiel. In den Sommermonaten findet hier das Open-Air-Fotofestival »L'Homme et la Mer« (Mensch und Meer) statt, bei dem an verschiedenen Stellen des Orts unter freiem Himmel großformatige Fotografien ausgestellt werden.

FRISCH AUF DEN TISCH ...

Wie kommt der Fisch vom Meer auf den Teller? Diese Frage wird im Fischereimuseum Haliotika in Le Guilvinec Schritt für Schritt beantwortet. Man lernt den Unterschied zwischen der Küsten- und der Hochseefischerei kennen, begleitet zwei Fischer durch ihren Tag, kann ins Cockpit eines modernen Fischtrawlers hineinschauen und landet am Ende des informativen, interaktiven Rundgangs schließlich in der Küche ... Ein deutschsprachiger Audioguide macht den Rundgang auch für Nicht-Franzosen zum Erlebnis. Wer es noch genauer wissen möchte, kann im Anschluss im Rahmen einer Führung auch noch die Criée, die hochmoderne, computergesteuerte Fischversteigerungshalle, besichtigen. Die Fischkutter landen unmittelbar vor den großen Toren. Unzählige Möwen beäugen interessiert, wie das fangfrische Meeresgetier ausgeladen wird, um sich bei passender Gelegenheit im Sturzflug einen Happen zu erbeuten.

WEITERE INFOS:

www.haliotika.com, www.tronoen.net, www.penmarch.fr/tourisme, www.leguilvinec.com, www.festivalphotoguilvinec.bzh

Die bretonische Riviera wird von der Sonne verwöhnt (oben); eine Reihe hübscher Badeorte, wie hier auf der Halbinsel Cap Coz, säumen diesen Küstenabschnitt (rechts unten). Die Route du Cidre verspricht eine Reihe schmackhafter Entdeckungen (rechts oben).

26 Die bretonische Riviera – rund um Bénodet

Südseefeeling inklusive

Von der Einmündung des Odet an zeigt sich die Südküste der Bretagne von ihrer zahmen Seite. Malerische Felsen wechseln sich mit feinsandigen Badestränden ab, die diesem Küstenabschnitt in Kombination mit dem ausgesprochen angenehmen Klima den Beinamen »bretonische Riviera« eintrugen. Schöne Ausflüge führen ins idyllische Flusstal des Odet oder hinaus aufs Meer zu den Glénan-Inseln.

Bei einer Aufzählung der schönsten Flüsse Frankreichs darf der Odet nicht fehlen. Bei Rosulien mäandert er in besonders engen Schleifen, die Vire-Courts genannt werden, durch die idyllische Landschaft. Vom Hafenstädtchen Bénodet aus tuckern Ausflugsboote gemächlich den Fluss hinauf – ideal, um auf eine sehr entschleunigte Art einen Urlaubstag zu genießen. Wer lieber selbst am Steuerruder steht, ist in Bénodet an der richtigen Adresse. Schon wenn man auf der hohen Brücke Pont de Cornouaille den Mündungstrichter des Odet überquert, fällt der Blick auf unzählige Segel- und Motorboote, die sanft auf den Wellen schaukeln. 1884 wurde hier einer der ersten Segelclubs Frankreichs gegründet; seither hat sich das hübsche Städtchen zu einem beliebten Badeort gemausert.

Badespaß am weißen Meer

Ein Schmetterling mit Flügeln aus Sand und Wasser – so poetisch wird die östlich von Bénodet gelegene Pointe de Mousterlin mitunter beschrieben. Den einen Flügel bildet eine flache Lagune. Eine Dünenkette trennt *la mer blanche*, »das weiße Meer«, von der offenen See und lässt nur einen schmalen Durchlass zum Atlantik frei. Wenn das »weiße Meer« bei

Ebbe teilweise trockenfällt, pilgern Strandfischer mit Eimer und Rechen bewaffnet ins Watt, um Muscheln und anderes Meeresgetier zu sammeln. Den anderen Flügel des Schmetterlings bildet östlich der Pointe de Mousterlin ein ausgedehntes Marschland, das unter Naturschutz steht und zahllosen Vögeln ideale Lebensbedingungen bietet.
Im weiteren Verlauf der bretonischen Riviera locken hübsche Badeorte mit traumhaften Stränden. Zwischen der Landspitze von Beg-Meil und dem Cap Cabellou erstreckt sich die weite Baie de La Fôret, ein wahres Paradies für Wassersportler und Strandurlauber. Die schmale Halbinsel Cap-Coz ist vor allem bei Familien sehr beliebt. Allein die Gemeinde Fouesnant, die sich am Ende der Bucht erstreckt, nennt rund 17 Kilometer Küstenlinie ihr Eigen. Im hochmodernen Yachthafen von La Fôret-Fouesnant ist die französische Hochseesegler-Equipe beheimatet.

Natur pur auf den Glénan-Inseln

Fouesnant besitzt außerdem mit den Glénan-Inseln einen weiteren, einzigartigen »Stadtteil« weit draußen im Meer. Rund 15 Kilometer vor der Küste gruppieren sich die sieben Hauptinseln rund um eine große Lagune, die *la Chambre,* »die Kammer«, genannt wird. Die spärlich besiedelte Inselgruppe wartet mit einer legendären Segelschule sowie einer ebenfalls weltberühmten Tauchschule auf und ist in den Sommermonaten ein beliebtes Ziel für Tagesausflügler.
Die Boote setzen die Fahrgäste auf der Hauptinsel Saint-Nicolas ab. Besucher tun gut daran, Proviant und Getränke mitzubringen oder in einem der zwei örtlichen Restaurants zu reservieren, denn auf den Inseln gibt es weder Geschäfte noch Trinkwasser.
Der Glénan-Archipel punktet nicht mit Luxus, sondern mit weitgehend unberührter Natur. Feiner weißer Sand und das türkisblaue Wasser, das sich im Inneren der »Kammer« auf bis zu 20 Grad erwärmt, sorgen mitten im Atlantik für Südseefeeling. Bei Niedrigwasser kann man von Saint-Nicolas aus über eine Sandbank zur Nachbarinsel Bananec hinüberspazieren. Die restlichen Eilande sind zum Teil in Privatbesitz. Die komplette Inselgruppe steht unter Naturschutz, man darf hier weder angeln noch fischen. Auch Blumen zu pflücken ist strengstens untersagt, und zwar aus gutem Grund: Die blassgelbe Glénan-Narzisse, die 1803 entdeckt wurde und nur hier blüht, wäre in den 1950er-Jahren beinahe ausgestorben. Seitdem hütet man das rare Pflänzchen wie seinen Augapfel.

HOCH DIE TASSEN!

Der sanft moussierende Apfelwein Cidre zählt ebenso wie Crêpes und Meeresfrüchte zu den typischen kulinarischen Köstlichkeiten der Bretagne. Die besten Cidres werden in der Gegend um Fouesnant hergestellt, wo ausgedehnte Apfelplantagen die Landschaft im Frühjahr mit duftigen Blütenteppichen überziehen. Der hier produzierte Cidre trägt das Gütesiegel »AOP – Appellation d'Origine Protégé«, das hochwertigen regionaltypischen Produkten vorbehalten ist. Ein nach alter Sitte hergestellter Cidre wird aus dem Saft einer streng geheimen Mischung von Äpfeln unterschiedlicher Geschmacksrichtungen gewonnen. Bretonischer Cidre enthält höchstens knapp fünf Prozent Alkohol und wird traditionell gut gekühlt in irdenen Tassen oder Schalen (bretonisch: *bolennoù*) ausgeschenkt. Für Cidre-Enthusiasten empfiehlt sich eine Tour entlang der »Route du Cidre«, die verschiedene kulinarische Zwischenstopps umfasst …

WEITERE INFOS:

www.cidref.fr,
www.rivierabretonne.com,
www.benodet.fr,
www.tourisme-fouesnant.fr,
www.foret-fouesnant-tourisme.com

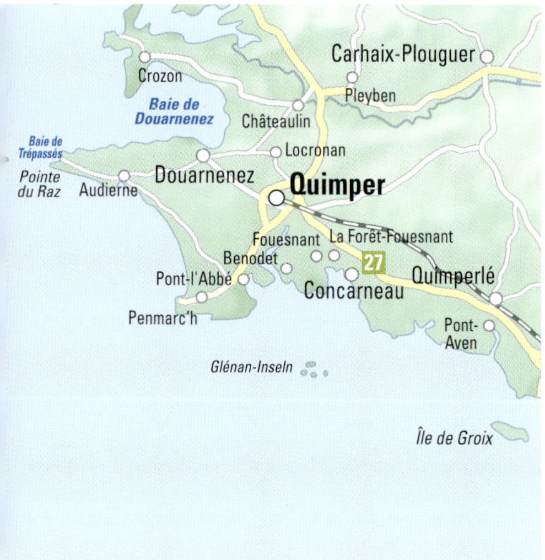

27 Die Festung im Hafenbecken – Concarneau

Auf den Spuren von Kommissar Dupin

Mitten im Hafenbecken von Concarneau liegt auf einer Insel die Ville Close, die von einer wehrhaften Ringmauer umgebene Altstadt. Nur ein schmales Brückchen verbindet die trutzige Festung mit dem Festland. Hinter den dicken Mauern verbergen sich ein schmales Sträßchen und einige kleine Gassen, gesäumt von anheimelnd altertümlichen Häuschen.

Auf einer Insel mitten im Hafenbecken liegt die Altstadt von Concarneau (unten). Der Glockenturm überragt die Brücke, die die Ville Close mit dem Festland verbindet (rechts oben). Einmal im Jahr wird in Concarneau das »Fest der blauen (Fischer-)Netze« gefeiert (rechts unten).

Seitdem ein deutscher Krimiautor unter dem Pseudonym Jean-Luc Bannalec mit großem Erfolg eine Reihe von Bretagne-Krimis rund um den sympathischen Kommissar Dupin veröffentlicht, machen sich immer mehr Fans des kauzigen Ermittlers auf die Suche nach den Schauplätzen, die in den Büchern so detailgetreu beschrieben werden. Eine Pflichtstation dabei ist Concarneau, der Wohn- und Dienstort des fiktiven, aus Paris hierher strafversetzten Polizisten. Und dort werden die Krimi-Fans schnell fündig: Schon von weitem leuchtet die rote Markise von Dupins Lieblingsrestaurant »L'Amiral« an der Place Jean-Jaurès, wo der unkonventionelle Kommissar am liebsten das ausgezeichnete Entrecôte verspeist. Und Dupin ist nicht der erste literarische Ermittler, der im altehrwürdigen »L'Amiral« einkehrt – in den 1930er-Jahren ließ der Schriftsteller George Simenon in dem Buch *Maigret und der gelbe Hund* seinen legendären Kommissar ebenfalls hier, im »besten Hotel der Stadt«, absteigen.

Die beste Uhr der Bretagne

Von der Terrasse des »L'Amiral« aus hat man einen schönen Blick auf den Hafen und die Ville Close. Über dem Zugang vom Quai Péneroff aus wacht der markante Uhrenturm. Die Uhr,

die ihn ziert, schmückte ursprünglich das Château von Pont-l'Abbé. Als dieses 1590 im Zuge einer kriegerischen Auseinandersetzung geschleift wurde, brachte man die Uhr – die seinerzeit als die beste in der ganzen Bretagne galt – nach Concarneau. Gleich dahinter liegt der Turm des Gouverneurs, über den man auf die Stadtmauer gelangt. Der Rundgang auf den Mauerzinnen eröffnet zu beiden Seiten schöne Ausblicke: nach außen auf die Wasserfläche, die die Altstadt umgibt, den Hafen und die große Fischversteigerungshalle, nach innen auf das bunte Treiben in der Ville Close. Das Rückgrat der Altstadt auf der rund 350 mal 100 Meter großen Insel bildet die Rue Vauban, die sich nach einer Weile zur Place Saint-Guénolé mit ihrem hübschen Brunnen weitet. Kleine Granithäuschen prägen das Gesicht der autofreien Altstadt, viele von ihnen dienen heute als Läden, Restaurants oder Galerien. Gleich hinter dem Stadttor liegt linker Hand im ehemaligen Arsenal das sehenswerte Fischereimuseum. An der Porte aux Vins (»Weintor«) wurden einst per Schiff Getränke angeliefert; durch die Porte des Larrons (»Diebespforte«) traten verurteilte Straftäter per Boot die Fahrt zum Galgen an.

Leben vom und mit dem Meer

Bis ins 19. Jahrhundert hinein wurden die Stadtmauern immer wieder umgebaut, verstärkt und erhöht, denn Concarneau erfüllte eine wichtige strategische Funktion: Die Festung sicherte die Schifffahrtsroute zwischen Port-Louis und Brest. Doch innerhalb der bewährten Mauern wurde es allmählich zu eng. Im 19. Jahrhundert entstanden auf dem Festland die ersten Fischfabriken; neue Wohnquartiere für die Fabrikarbeiter wurden hochgezogen. Wie stark die Geschicke der Stadt mit dem Meer verknüpft waren, zeigte sich zu Beginn des 20. Jahrhunderts auf schmerzliche Weise. Zuerst blieben 1905 die Sardinenschwärme plötzlich aus, sodass die Arbeiter in den Konservenfabriken keine Einkommen mehr hatten. 1930 kostete ein schwerer Herbststurm auf einen Schlag mehr als 200 Seeleuten aus Concarneau das Leben. Bis heute gehört die Stadt zu den bedeutendsten Fischereihäfen Frankreichs. Das Interesse am Meer erschöpft sich aber nicht im Fischfang: Das renommierte meeresbiologische Institut von Concarneau, 1859 gegründet, ist eines der ältesten weltweit.

DAS FEST DER BLAUEN NETZE

Mitte August wird in Concarneau das Festival des Filets Bleus, das »Fest der blauen Netze«, gefeiert. Die erste Ausgabe des Festes, das mit Musik, Tanz und einem großen Trachtenumzug begangen wird, fand 1905 zu wohltätigen Zwecken statt: Das Ausbleiben der Sardinenschwärme hatte Fischer und Fabrikarbeiter ihrer Einnahmequelle beraubt, viele Familien litten bittere Not. Um Gelder für ihre Unterstützung zu sammeln, wurde das »Fest der blauen Netze« aus der Taufe gehoben. Die Aktion kam sowohl bei den Einwohnern als auch bei den Badeurlaubern aus Paris so gut an, dass sie seitdem regelmäßig wiederholt wird. Am großen Trachtenumzug nehmen inzwischen Delegationen aus vielen bretonischen Gemeinden teil. Höhepunkt des Umzugs ist der Wagen der Festkönigin, die früher stets aus den Reihen der Fischfabrikarbeiterinnen gewählt wurde und noch heute in Concarneau zu Hause sein muss.

WEITERE INFOS:

www.festivaldesfiletsbleus.fr,
www.tourismeconcarneau.fr,
www.musee-peche.fr,
www.concarneau.mnhn.fr/le-marinarium

Blumengeschmückte Stege verbinden in Quimper die Stadtviertel an den beiden Ufern des Odet (oben). Die Rue Kéréon mit ihren bunten Fachwerkhäusern eröffnet einen schönen Blick auf die Türme der Kathedrale (rechts).

28 In voller Blüte – Quimper

Die Hauptstadt des Finistère

Wo Odet und Steir zusammenfließen, liegt Quimper, die Hauptstadt des Départements Finistère. Die traditionsreiche Stadt – eine der sieben Bischofsstädte der Bretagne – ist für ihre kunstvoll bemalten Fayencen bekannt. Rund um die Kathedrale erstreckt sich die historische Altstadt, und im alten Bischofspalast lädt ein sehenswertes Museum zu einem Streifzug durch die bretonische Kultur ein.

Wer die Stadt Quimper vorstellen möchte, kommt um den Buchstaben »K« nicht herum, denn mit diesem beginnt eine ganze Reihe von wichtigen Schlüsselbegriffen: Kemper, König und Kathedrale, Kunst, Kultur und Keramik. Aber der Reihe nach: Kemper – so lautet der bretonische Name der Stadt. Das Wort bedeutet »Zusammenfluss« und leitet sich von der geografischen Lage der Stadt an den Flüssen Odet und Steir ab. Archäologische Ausgrabungen haben im Bereich des heutigen Quimper Siedlungsspuren aus vorchristlicher und aus römischer Zeit zutage gefördert.

Fisch to go …

Historisch nicht verbürgt, aber deutlich spannender ist jedoch die folgende Gründungslegende zum Stichwort »K wie König«: Der sagenhafte König Gradlon besaß in Quimper eine Burg. Als er sich bei einem Jagdausflug in den umliegenden Wäldern verirrte, rettete ihn Saint-Corentin, der als Eremit in der Nähe einer abgeschiedenen Quelle lebte. Dieser Heilige ernährte sich ausschließlich von einem einzigen Fisch, der jeden Tag zur selben Stunde pünktlich am Ufer erschien, um sich die tägliche Essensportion aus dem Leib schneiden zu lassen. Der König, tief beein-

SALON DE THÉ
MACARONERIE

Das Musée départemental breton beherbergt eine sehenswerte landeskundliche Sammlung (links oben); es residiert im alten Bischofspalast (links unten). Die Kathedrale von Quimper ist eine der ältesten gotischen Kathedralen der Bretagne (rechts oben). Einladende Crêperien säumen die Place au Beurre (rechts unten).

druckt von dem frommen Mann, ernannte Corentin zum Bischof und überließ ihm seine Burg. Eine Weile später brauchte König Gradlon dringend eine neue Hauptstadt. Seine bisherige Residenz, die herrliche Stadt Ys, war aufgrund des sündigen Lebenswandels ihrer Bewohner in den Wassern des Atlantiks versunken. Die Wahl des Königs fiel, so will es die Legende, auf Quimper. Gradlon und sein treues Pferd Morvarc'h, auf dessen Rücken er den Fluten entkam, sind als Standbild zwischen den beiden Türmen der Kathedrale von Quimper verewigt. Und eines der Kirchenfenster zeigt den König, wie er vor der Jungfrau Maria kniet und ihr die Kathedrale zum Geschenk macht.

Keimzelle einer neuen Stadt

Die Kathedrale, mit deren Bau im Jahr 1240 begonnen wurde, ist dem heiligen Corentin gewidmet. Das Gotteshaus, das zu den ältesten gotischen Kathedralen der Bretagne zählt, wurde zum Mittelpunkt einer neuen Stadt. Das mittelalterliche Quimper war sowohl geistliches wie auch politisches Zentrum und unterstand teils dem Bischof, teils dem Herzog. Das bischöfliche Quimper umfasste den Bereich innerhalb sowie die Gebiete nördlich der Stadtmauer. Der Machtbereich des Herzogs, Terre au Duc genannt, erstreckte sich westlich der Stadtmauer; im Stadtbild erinnert heute noch die Place Terre-au-Duc an jene Zeit.
Neben der Kathedrale prägt vor allem der Bischofspalast aus dem 15. Jahrhundert, der sich bis zum Ufer des Odet erstreckt, das mittelalterliche Stadtbild. Heute beherbergt der prächtige Bau das Musée départemental breton. Diese sehenswerte landeskundliche Sammlung umfasst alle Bereiche der bretonischen Kultur, von prähistorischem Goldschmuck über Trachten und Möbel bis hin zu Gemälden und Skulpturen. In den Sommermonaten locken an Donnerstagabenden die »Jeudis de l'Evêché«, Veranstaltungen mit bretonischer Musik, zahlreiche Besucher in die Gärten des Palasts. Die vielen Brückchen und Stege, die gleich daneben über den Odet führen, sind über und über mit Blumen geschmückt.

Kathedrale mit Knick

Die Kathedrale zeichnet sich durch eine bauliche Besonderheit aus: Der Chor bildet nicht die Verlängerung des gotischen Hauptschiffs; seine Achse ist deutlich abgeknickt. Wahrscheinlich wurde auf diese Weise beim Bau der Kathedrale eine vorhandene Grabkapelle aus dem 11. Jahrhundert in den Baukörper integriert. Eine andere Deutung sieht in dieser Linienführung einen Hinweis auf die Körperhaltung Christi am Kreuz. Der Bau der Kathedrale zog sich über mehrere Jahrhunderte hin. Während der Chor noch normannisch geprägt ist, strahlen die im 15. Jahrhundert fertiggestellten

Teile - das Längs- und das Querschiff sowie die Türme – im eleganten gotischen Stil. Die verspielten Turmspitzen, die erst Mitte des 19. Jahrhunderts vollendet wurden, fügen sich harmonisch in das Gesamtbild ein. Die Schnitzereien der Barockkanzel aus dem 17. Jahrhundert stellen Szenen aus dem Leben des heiligen Corentin dar. Sie überdauerte die Verwüstungen während der Französischen Revolution ebenso wie die Statue des »kleinen schwarzen Heiligen« (bretonisch: Santig Du). Sie zeigt den Mönch Jean Discalcéat (1279–1349), der sich einst aufopferungsvoll um die Ärmsten der Armen kümmerte. Bis heute legen die Einwohner von Quimper dem Santig Du Brotlaibe als Essensspende für Arme vor die Füße.

Rund um die Kathedrale sind in den schmalen Straßen und Gässchen einige der prächtigen Domizile der Geistlichen und die stattlichen Fachwerkhäuser der Händler und Kaufleute erhalten geblieben – vor allem in der Rue Kéréon, die gegenüber der Kathedrale beginnt. Gleich neben dem Rathaus steht das Musée des Beaux Arts für das nächste »K«, die Kunst. Die Sammlung umfasst Kunstwerke aus fünf Jahrhunderten, darunter auch Werke des in Quimper geborenen Surrealisten und Picasso-Freundes Max Jacob (1876–1944). Um »K« wie (bretonische) Kultur dreht sich jedes Jahr Ende Juli alles beim Musik-, Tanz- und Trachten-Fest »Festival de Cornouaille«.

Kostbarkeiten aus Ton

Der hochwertige Ton, der am Ufer des Odet zu finden war, bildete ab dem 15. Jahrhundert das Ausgangsmaterial für das nächste »K« – die Keramik, für die Quimper weithin berühmt wurde. Der Stadtteil Locmaria wurde zum Produktionszentrum von Keramiken und Fayencen. Neben Alltagsgeschirr wurden hier mit der Zeit auch immer kunstvollere Produkte bis hin zu üppig verzierten Tafelaufsätzen hergestellt. Ein eigenes Museum zeigt eine Auswahl dieser Kostbarkeiten aus Ton. Ende des 17. Jahrhunderts wurde die erste Keramik-Manufaktur eröffnet. Auch die Wurzeln der traditionsreichen Firma HB Henriot, die bis heute in Quimper ansässig ist, reichen bis in diese Zeit zurück. Eine Führung durch ihre Keramikateliers ist sehr interessant. Und auch die Suche nach dem passenden Souvenir hat in Quimper schnell ein Ende: Wo, wenn nicht hier, sollte man eine der typischen »bols«, der mit Bauer und Bauersfrau in Tracht bemalten Henkelschalen, erwerben?

EINKEHREN AM BUTTERMARKT

Früher wurde auf der Place au Beurre die sogenannte Winterbutter verkauft, die stark gesalzen und dadurch besonders lange haltbar war. Heute scharen sich rund um diesen malerischen Platz die Crêperien. Vor allem um die Mittagszeit haben die Kellner hier alle Hände voll zu tun, balancieren Teller um Teller mit den typisch bretonischen Köstlichkeiten durch die Gaststuben und über die Außenterrassen. Die hauchdünnen Crêpes aus Weizenmehl werden mit süßer, die etwas rustikaleren Galettes mit einer herzhaften Füllung serviert. Dazu gibt es stilecht Cidre aus robusten irdenen Tassen. Beim anschließenden Bummel durch die angrenzenden Straßen lohnt sich ein genauer Blick auf die prächtigen Fassaden der Fachwerkhäuser: Viele von ihnen haben aus Brandschutzgründen Seitenwände aus Stein – so auch das Eckhaus an der Rue du Lycée Nr. 1, das oft als kleinstes Fachwerkhaus von ganz Quimper bezeichnet wird.

WEITERE INFOS:

www.quimper-tourisme.com,
http://musee-breton.finistere.fr/de/,
www.mbaq.fr,
www.henriot–quimper.com,
www.musee-faience-quimper.com,
www.festival-cornouaille.bzh

Der Süden

Menhire, Mittelalter und ein Elefant

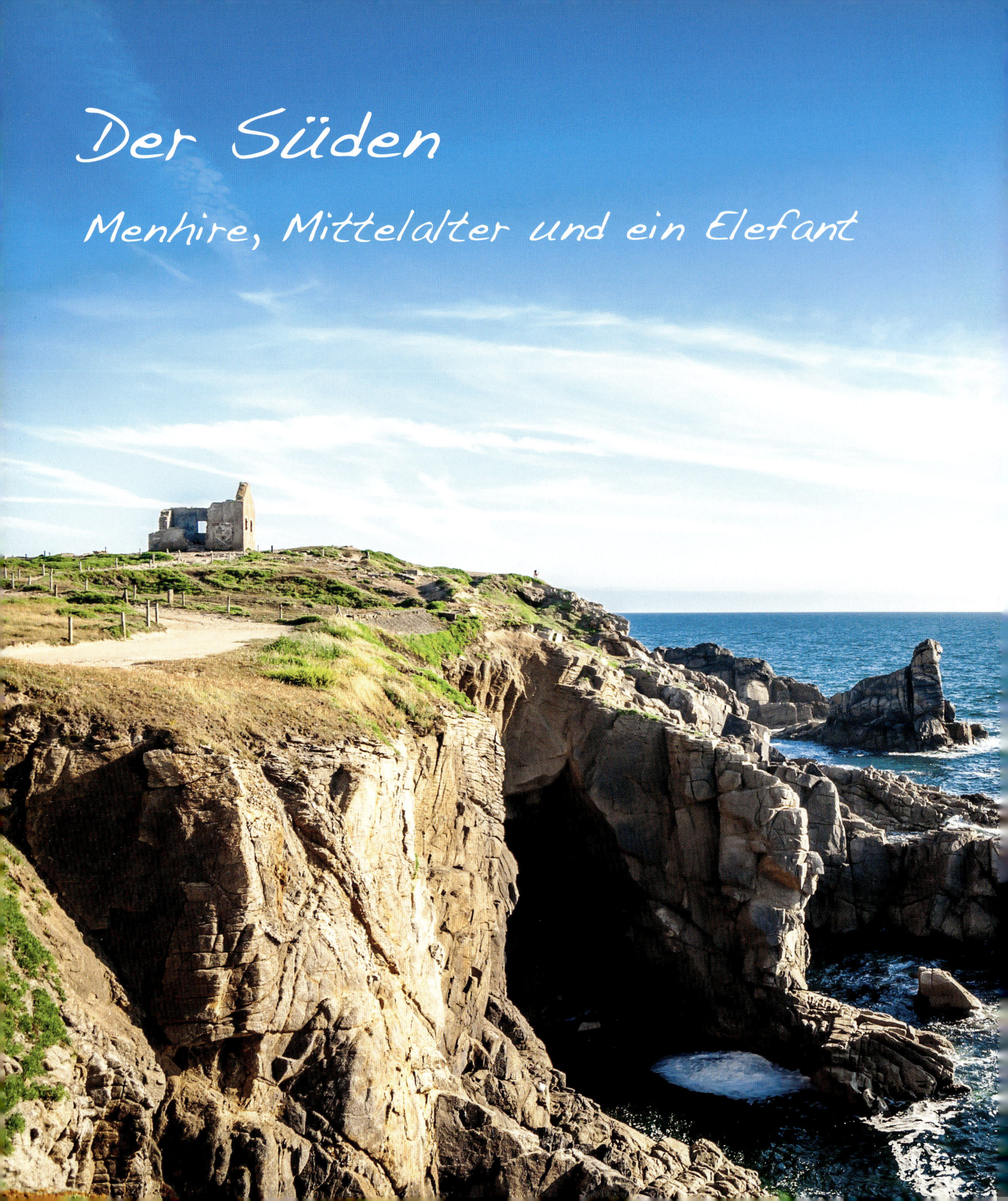

Das Meer hat an der wilden Westküste der Halbinsel Quiberon bizarre Felsformationen geschaffen (links). Obelix hätte eine unbändige Freude an den Menhiren von Le Menec (rechts oben). Nicht einfach eintreten: Die Häuser im Freilichtmuseum von Kerhinet im Naturpark La Brière sind bewohnt (rechts unten).

Von einst 14 Wassermühlen in Pont-Aven ist nur noch eine aktiv, einige andere sind zu Restaurants umgewandelt worden (links). Gemächlich fließt der Aven dahin, rustikale Gebäude an seinem Ufer, darunter – ganz unten im Bild – das wohl schönste öffentliche WC der Region (rechts).

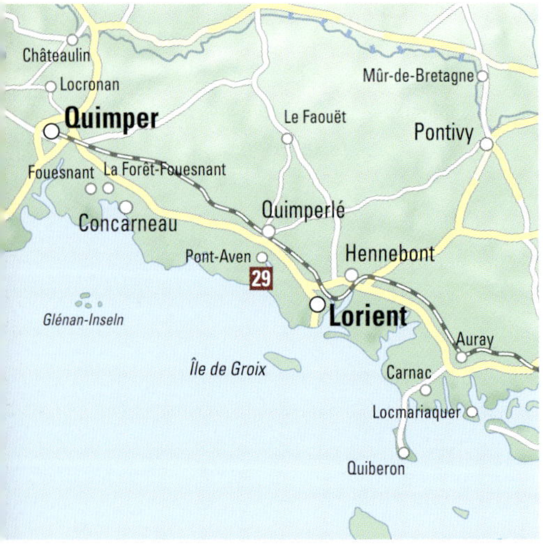

29 Von Mühlen und Malern – Pont-Aven

Wie aus dem Bilderbuch

Pont-Aven war ein ruhiges Dorf, bis es Ende des 19. Jahrhunderts durch eine Reihe von Malern – allen voran Paul Gauguin – aus seinem Dornröschenschlaf erweckt wurde. Heute steht die hübsche Ortschaft ganz im Zeichen der Kunst. Unten am Hafen Port Manech fließt der Aven gemeinsam mit dem Bélon ins Meer. Diese Mischung aus Süß-und Salzwasser ist die Wiege der bekannten und exzellenten Bélon-Austern.

Die Bewohner des Orts am Aven lebten früher vom Fischfang und der Mühlenwirtschaft. »Eine Stadt von gutem Ruf, 14 Mühlen, 15 Häuser«, heißt es in einer frühen Beschreibung. Heute mahlt nur noch »Le Deroult Moulin de Pénanros« als letzter Vertreter dieses über Jahrhunderte für die Region wichtigen Wirtschaftszweigs Mehl, das dort auch zu kaufen ist. Die Mühlen lieferten den Grundstoff für die bekannten Galettes de Pont-Aven. Die dicken Butterbiskuits werden unter dem Namen Traou Mad angeboten, was auf Deutsch nichts anderes heißt als »gute Dinge«. Der Verkaufsladen, die »Biscuiterie«, liegt direkt an der Steinbrücke über den Aven. Darunter steht am Fluss ein kleiner Bau aus Naturstein mit einem Schrägdach – das wohl schönste öffentliche WC der Bretagne. Andere Mühlen, wie die Moulin du Grand Poulguin und Moulin de Rosmadec, wurden in Restaurants umgebaut. Auch die von Gauguin gemalte Moulin de Kermentec existiert zwar noch, ist aber nicht mehr aktiv. Der Name Rue des Meunières (»Müllerstraße«), zeugt von der Vergangenheit der Stadt, ebenso wie einige ansehnliche Häuser, in denen einst reiche Händler und Müller wohnten.

Viele Bilder der Schule von Pont-Aven hängen heute im örtlichen Museum (links oben). Das Gästezimmer von Paul Gauguin in Le Pouldu ist noch erhalten (links unten). Auch ohne Staffelei lässt es sich in Pont-Aven aushalten (rechts oben). Traditionelle Kostüme und bunt geschmückte Wagen bei der Fête des Fleurs d'Ajoncs (rechts unten).

Vom Hafen zum Fluss

Der Hafen, die andere Quelle des früheren Reichtums, ist stark vom Tidenhub abhängig, bei Ebbe liegen die Schiffe im Schlick. An den Hängen oberhalb des charmanten Hafens stehen schmucke Reetdachhäuser sowie ein monumentaler Brunnen aus dem Jahr 1788. Auch die Villen des lokalen Barden Théodore Botrel sind dort zu sehen. Der auf dem örtlichen Friedhof begrabene Sänger – eine Statue ehrt ihn in der Nähe des Hafens – organisierte 1905 das erste Folklorefestival der Bretagne. An den bretonischen Schriftsteller Xavier Grall, der sich 1973 in Pont-Aven niederließ und hier 1981 starb, erinnert am Fluss ein Wandrelief, Auge in Auge mit einem Hermelin, dem Wappentier der Bretagne. Grall ist auch ein Wanderweg gewidmet, der den Aven entlangführt. Die Schleusen sind noch zu sehen, mit denen der Fluss reguliert wurde, damit die Frauen von den Treppen aus hier ihre Wäsche waschen konnten. Unruhiger tobt das Wasser beim Chaos de l'Aven, wo sich beeindruckende Granitblöcke aus der Eiszeit auftürmen. Weiter flussaufwärts gelangt der Wanderer in den »Liebeswald« Bois d'Amour.

Abkehr vom Impressionismus

Bekannt wurde der Bois d'Amour durch Paul Sérusiers Gemälde »Talisman«, das er 1888 unter der Anleitung von Paul Gauguin malte. Dieser war begeistert von der hier malerisch gelegenen Chapelle de Trémalo aus dem 16. Jahrhundert, deren Kruzifix ihn zu seinem Werk »Der gelbe Christus« inspirierte. Gauguin, Sérusier und Émile Bernard gehörten zu den bekanntesten Malern der Gruppe, die Ende des 19. Jahrhunderts von dem idyllischen Ort angezogen wurden und die man später der »Schule von Pont-Aven« zuordnete. Gauguin war ursprünglich sehr angetan von Camille Pissarro und lernte über ihn auch andere Impressionisten wie Renoir, Degas und Manet kennen, wandte sich aber bei seinen langen wiederholten Aufenthalten in der Bretagne von diesem Kunststil ab. Nach seinem beruflichen Bankrott als Börsenmakler hatte er erwartet, bald ausschließlich von seiner Malerei leben zu können. Doch nahezu den gesamten Rest seines Lebens litt er unter finanziellen Problemen. In der Bretagne schuf er mit seinen Malerfreunden die Kunstrichtung des Synthetismus, der die Natur, die Gefühle des Künstlers und ästhetische Momente wie Farben und Formen zu einer Synthese zusammenführen wollte. Gauguin malte Frauen in traditionellen Trachten, wie »Der Tanz der vier Bretoninnen«, oder im Alltag, wie die »Tangsammlerinnen«. Im Gegensatz zu seiner impressionistischen Phase malte er jetzt flächig und mit kräftigen Farben,

und trennte die einzelnen Elemente deutlich voneinander. Die Wirkung von Licht und Schatten und die dadurch entstehenden verwaschenen Eindrücke gehörten bei Gauguin jetzt der Vergangenheit an. Oft betonte er im Stil des Cloisonismus sogar die einzelnen Formen mit dunklen Umrandungen.

Die Maler wurden im Ort herzlich aufgenommen, zum Beispiel von Marie-Jeanne Gloanec, in deren Pension Gauguin nächtigte. Manche Frauen posierten in ihren Trachten für die Künstler, diese wiederum dekorierten die Wände der Herbergen und zahlten gelegentlich auch mit einem Bild für Kost und Logis. Heute wird das Stadtbild von Pont-Aven beherrscht von Galerien und Malern, die den Größen der Vergangenheit nacheifern. Deren Werke sind im Musée de Pont-Aven zu bewundern. Auch der deutsche Autor Jean-Luc Bannalec ließ den ersten seiner Bretagne-Krimis in der Kunstszene von Pont-Aven spielen. Anfangs noch vom Ansturm deutscher Touristen verwirrt, können die Einheimischen mittlerweile Auskunft geben: Das Hotel »Central«, in dem der erste Mord geschieht, heißt in Wirklichkeit »Les Ajoncs d'Or«. Und wie bei seinem literarischen Gegenstück sind seine Wände mit zahlreichen Gemälden verziert.

Schwimmen und Schlürfen

Westlich des Aven warten Kerascoët und Kercanicm auf der Halbinsel Névez mit außergewöhnlichen Häusern auf: Die Granitplatten ihrer Mauern stammen von Menhiren. Der schönste Strand heißt wegen seines feinen Sands »Plage de Tahiti«, daneben liegen felsige Badebuchten. Vom Badeort Raguenès kann man bei Watt die gleichnamige winzige Insel erreichen. Ein Küstenwanderweg, der einstige Zöllnerpfad, führt entlang der Klippen nach Port Manech mit seinen weißen Badehäuschen am Strand. Im kleinen Ort Riec-sur-Bélon bewirtschaften einige Austernzüchter eine Strecke von etwa fünf Kilometern im Fluss Bélon mit ihren Austernbänken. Zweimal täglich heben sich die Krustentiere im Rhythmus der Gezeiten aus dem Wasser und senken sich dann ganz natürlich wieder herab. Durch den ständigen Wechsel von Süß- und Salzwasser erhalten Belon-Austern ihren außerordentlichen Charakter. Sie gelten als besonders fein, sind »flach« *(plat)* und besitzen einen nussigen Geschmack. Geburt und Jugend verleben sie allerdings im Golf von Morbihan und anderen bretonischen Gewässern. Nach Riec-sur-Bélon kommen sie erst im Alter von drei Jahren zur Veredelung.

FEIERN AUF BRETONISCH

An jedem ersten Wochenende im August steht Pont-Aven im Zeichen der »Fête des Fleurs d'Ajoncs«. Bretonische Musikgruppen spielen am Samstagabend, man singt traditionelle Lieder und beim anschließenden Nachtfest Fest-Noz haken sich Hunderte zum Kreistanz ein. Am Sonntagmorgen zieht nach der Messe das Defilee durch die Stadt mit Folkloregruppen aus der gesamten Bretagne, mit Trommlern, Dudelsackspielern und Bläsern der einer Oboe ähnlichen *bombardes*. Die Frauen tragen hohe weiße Hauben zu ihren Kleidern, die Männer großkrempige Hüte. Mit *ajoncs*, den gelben Ginsterblüten, und anderen Blumen geschmückt ziehen Wagen durch die Straßen, auf dem größten thront die Blumenkönigin. Nach der Wahl ihrer Nachfolgerin steht der Nachmittag im Zeichen von Live-Musik und natürlich Essen (Austern!) und Trinken. Den Sonntag beschließt ein erneutes Fest-Noz, das bis weit in die Nacht gefeiert wird.

WEITERE INFORMATIONEN:

www.hotel-domaine-pontaven.com

30 Mit zwei Gesichtern – Quiberon

Eine Halbinsel mit kriegerischer Vergangenheit

Eine Festung, zwei Orte und drei Häfen – das ist Quiberon. Doch die 14 Kilometer ins Meer ragende Halbinsel hat noch deutlich mehr zu bieten: eine wilde Felsküste ebenso wie feine Sandstrände, Dolmen und Menhire, die von einer Besiedlung in prähistorischer Zeit zeugen, sowie Erinnerungen an die Aufstände gegen die noch junge Republik Ende des 18. Jahrhunderts.

Die Strände an der Ostküste von Quiberon sind mit ihrem feinen Sand und sanften Wellen für Kinder ideal (links). Im deutlichen Kontrast dazu die Klippen auf der westlichen Seite der Halbinsel (rechts oben). Die Boote der Sardinenfischer werden stets von hungrigen Seevögeln und Delfinen begleitet (rechts unten).

Einst war Quiberon rundum vom Wasser umgeben. Doch im Laufe der Zeit wurde Richtung Festland immer mehr Sand angespült, sodass die Insel ab dem 11. Jahrhundert trockenen Fußes erreicht werden konnte – und heute zwei völlig unterschiedliche Küsten besitzt. Die sandige Ostseite mit Blick auf Bucht und den Golf von Morbihan zieht Strandurlauber an, vor allem zur Grande Plage im Süden. Spektakulärer ist die wilde westliche Côte Sauvage mit ihren den Naturgewalten ausgesetzten Felsen, von Wind und Wellen ausgehöhlt oder zu bizarren Gebilden geformt. Das Baden ist hier strikt verboten, und auch beim Spaziergang ist Vorsicht geboten. Den Eingang zur Côte Sauvage bildet das Château Turpault an der Beg er Lan, der »Spitze des Moores«. Das einzige Schloss der Insel ließ der Tuchfabrikant Georges Turpin aus Cholet 1904 im Stil des englischen Mittelalters erbauen. Es befindet sich im Privatbesitz und ist für Besucher nicht zugänglich.

Aufstand gegen die Republik

Das Fort de Penthièvre diente der deutschen Wehrmacht als Teil des Atlantikwalls und ist auch heute noch militärisches Gelände. Es wurde 1747 erbaut, nachdem ein Jahr zuvor

marodierende Engländer die Halbinsel verwüstet hatten. Ein halbes Jahrhundert später kam aus England erneute Gefahr: Emigrierte Royalisten landeten mit englischen Hilfsgütern in der Bucht von Quiberon und schlossen sich mit den 5000 königstreuen Chouans zusammen, die im gesamten Nordwesten bis zur Normandie und hinunter bis zur Vendée bewaffneten Widerstand gegen die Republik leisteten. Die Aufständischen der »Chouannerie« unterstanden der Führung von Georges Cadoudal, der sich von London aus an einem Komplott zum Sturz der französischen Regierung und der Wiedereinführung der Monarchie beteiligte. Nach ihrer schweren Niederlage flüchteten sie auf die Halbinsel, wo einige noch rechtzeitig ihre Schiffe zurück nach England erreichten und andere sich in der Festung Penthièvre verschanzten. Nach ihrer Kapitulation wurden mehr als 900 von ihnen nahe der Stadt Auray erschossen.

Aus dem Wasser in die Dose

Gerade einmal 22 Meter ist die Passage zum Festland breit, eine oft verstopfte Straße und im Sommer eine einspurige Eisenbahn ab Auray bringen die Besucher nach Quiberon. Die Tire-Bouchon (»Korkenzieher«) genannte Bahn sorgte bald nach ihrer Fertigstellung 1882 für einen Aufschwung des Tourismus. Berühmtheiten wie die Schriftsteller Gustave Flaubert und Anatole France und die Schauspielerin Sarah Bernhardt zogen weitere Besucher nach sich, 100 Jahre später hielt sich auch Romy Schneider gern hier auf. Vom kleinen Fischerhafen Portivy geht es zu den beiden Badeorten Saint-Pierre-Quiberon und Quiberon, letzterer mit dem Yachthafen Port Haliguen und dem Fischerhafen Port Maria. Dort legen die Schiffe zu den Inseln Belle-Île und Houat ab, von der man weiter zur Île d'Hoëdic gelangt. Die heute touristische Insel lebt seit jeher von der Fischerei und war früher Standort von einem Dutzend Konservenfabriken. Heute dosen noch zwei Betriebe die Sardinen vor Ort ein. Die sehenswerte »Conserverie La Belle-Iloise« zeigt, wie die Fische konserviert werden, aber auch das Leben der Arbeiter einst und heute. Beim abschließenden Besuch der Boutique lohnt es sich, einige Produkte dieser renommierten Marke mitzunehmen. Regionale kulinarische Spezialitäten ganz anderer Art sind die mit salziger Butter hergestellten Karamellbonbons und die *niniches* – die Lollies.

STILLE, KUNST, GENUSS

»Inseln der Stille« werden sie genannt, die Îles de Houat und Hoëdic, bretonisch für »Ente« bzw. »Entenküken«. Hier gibt es keine Autos, nur das Plätschern der Wellen und das Pfeifen des Windes. Auf Houat führt der Weg vom Hafen zur Grande Plage und den Überresten des Forts Vauban, im Museum Éclosarium erfährt man alles über die Inselgeschichte. Bier bietet die »Bar Le Spi«, Crêpes das »Chez Loulou«, Fisch und Wein die »Bar Le Siata« und ein gemütliches Bett »Les Îles«. Auf der kleineren, urwüchsigeren Insel Hoëdic kann man in den kleinen Buchten baden. Hier sind die niedrigen Häuser alle nach Süden gewandt, um dem ständigen Wind zu trotzen. Nachdem man in der kleinen Kirche Notre-Dame la Blanche die Buntglasfenster mit Inselszenen und dem Schutzheiligen Goustan bewundert hat, schmecken Fisch und Meeresfrüchte im »Chez Jean-Paul« (mit Bücherei!). Das einzige Hotel ist »Les Cardinaux«.

WEITERE INFORMATIONEN

Mairie Île-d'Houat, Tel. 02 97 30 68 04, www.communes.com/bretagne/morbihan/ile-d-houat

Der einst bedeutende Hafen Saint Goustan in Auray ist heute mit seinen Bars und Restaurants ein beliebter Treffpunkt (links). Die Basilika der heiligen Anna ist Mittelpunkt der größten Prozession der Bretagne (rechts unten). Auf der Insel Saint Cado ging es einst mit dem Teufel zu (rechts oben).

31 Charme am Golf – Auray

Wo Benjamin Franklin Pause machte

Die Oberstadt mit ihren Fachwerkhäusern am linken Ufer des Loc'h, am rechten das Hafenviertel Saint Goustan – das lebhafte Städtchen Auray hat sich trotz der Touristen seinen Charme bewahrt. Das benachbarte Sainte-Anne-d'Auray zeigt sich angesichts seiner vielen Pilger und der größten Prozession der Bretagne andächtig und besinnlich. Bei Étel bieten Meer und Bucht Besuchern Ruhe und Erholung.

In Auray fanden zwei bedeutende geschichtliche Ereignisse statt. Hier gewannen im bretonischen Erbfolgekrieg die Truppen von Jean de Montfort 1364 ihre entscheidende Schlacht gegen Charles de Blois. Mehr als 400 Jahre später wurden auf dem heutigen Champ des Martyrs rund 900 aufständische Royalisten (»Chouans«) hingerichtet, 1828 ließ die Herzogin von Angoulême ihnen zu Ehren dort eine Kapelle errichten. Auch ihrem Anführer Georges Cadoudal wurde in Kerléano südlich von Auray ein Mausoleum gebaut. Das Zentrum von Auray bildet die dreieckige Place de la République. Ein Uhrturm mit Glockenspiel von 1776 überragt hier das Rathaus aus hellem Stein, das in Farbe und Stil mit den umliegenden bunten Fachwerkhäusern kontrastiert. In der nahen Markthalle herrscht montags munteres Treiben, und die 1660 erbaute Kirche Saint-Gildas mit dem viereckigen Glockenturm beeindruckt mit Renaissance-Portal, marmorverziertem Altaraufsatz und einer Orgel aus dem 18. Jahrhundert. In einer Flussschleife des Loc'h, der ab hier bis zu seiner Mündung in den Golf Auray heißt, liegt der Hafen Saint-Goustan, einst bedeutend für Schiffbau und den Handel mit Korn und Wein. Steile Gassen und Treppen führen von hier hinauf zur Kirche Saint-Goustan und zur Kapelle Saint-Saveur, um die sich Bars und Restaurants drängen. »Saint-Saveur« heißt auch das historische Segelschiff im Hafen. Dort erinnert der Kai Benjamin Franklin daran, dass der Staatsmann auf dem Weg von Amerika zu Verhandlungen über eine Allianz mit Frankreich in Auray eine Nacht verbrachte.

Pardon für die Gläubigen

Religion spielt in der ganzen Bretagne und besonders in Sainte-Anne-d'Auray eine große Rolle. Im August 1623 soll hier dem Bauern Yves Nicolazic beim Pflügen die heilige Anna erschienen sein. Die Mutter der Jungfrau Maria wünschte sich eine Kapelle auf seinem Feld, hier sei sie bereits früher verehrt worden. Und tatsächlich grub Yves dort der Überlieferung zufolge eine Statue der Heiligen aus. Die 1625 errichtete Kapelle wurde 1790 zerstört und an ihrer Stelle die heutige neogotische Basilika mit eindrucksvoller Rosette am Portal erbaut. Im reich dekorierten Inneren zeigen die Kirchenfenster Szenen aus dem Leben der heiligen Anna. Die Statue der Heiligen hält eine Fackel, so wie sie dem Bauern erschien, und auch Monsieur Nicolazic wird gewürdigt. Gegenüber der Kirche rutschen besonders Fromme die heilige Treppe Scala Sancta auf den Knien empor. Jedes Jahr am 26. Juli versammeln sich hier bis zu 30 000 Pilger zum größten Pardon der Bretagne, einer Prozession, bei der sie die heilige Anna um Vergebung für ihre Sünden bitten. Der größte Tag in der Geschichte des Orts war der 20. September 1996, als Papst Johannes Paul II. als Pilger hierherkam.

Etwas westlich von Sainte-Anne kann man im Écomusée de Saint-Degan-en-Brech in alten Dorfhäusern den Alltag früherer Zeiten inklusive Brotbacken und Buttern nachvollziehen. Richtung Küste führt der Weg zu dem kleinen Badeort Erdeven. Dort stehen an der D 781, der »Straße der Megalithen«, Dolmen, Alignements – Steinreihen, die an die bekannten Menhir-Reihen von Carnac anschließen – und die Sechsmetersteine Géants de Kerzerho. Der einst bedeutende Tunfischhafen Étel liegt am Eingang der Ria d'Étel. Das frühere Flusstal wurde vom Meer überschwemmt und ist durch die Treibsandbank Barre d'Étel vom Ozean abgeriegelt. Hier lohnen ein Besuch im Museum der Tunfischfänger, eine Wanderung entlang des Meeresbusens oder eine Kajakfahrt auf der Ria. Moore, Dünen, Austernbecken, charmante kleine Buchten – eine zauberhafte stille Landschaft.

BAUWERK DES TEUFELS

Die nach dem walisischen Heiligen Cadocus benannte kleine Insel Saint-Cado liegt mitten in der Ria d'Étel und ist geballter Charme. Sie besitzt eine Kapelle aus dem 11. Jahrhundert, einen Kalvarienberg, einen Brunnen, hübsche kleine Häuser und ist von Austernbänken umgeben. Die Brücke, über die man sie vom Ort Belz aus erreicht, entstand durch einen märchenhaften Handel: Cadocus ärgerte sich darüber, dass man von der Insel so schwer zum Festland kam. Da ihm das Geld für den Bau eines Übergangs fehlte, schloss er schließlich einen Pakt mit dem Teufel: Der sollte ihm eine Brücke bauen und dafür die Seele des ersten Lebewesens erhalten, das das neue Bauwerk überqueren würde. Voller Vorfreude stellte der Teufel den Übergang zur Insel in einer Nacht fertig. Doch seine Enttäuschung war riesig – der gewitzte Cadocus scheuchte als erstes Lebewesen eine Katze über die Brücke …

WEITERE INFORMATIONEN

Office de Tourisme de Belz,
Tel. 08 99 02 72 33,
www.communes.com/bretagne/morbihan/belz_56550

32 Im Reich der Steine – Carnac

Auf den Spuren von Obelix

Carnac und sein Nachbarort Locmariaquer locken Gäste aus aller Welt mit Zeugnissen einer jahrtausendealten Kultur: Hier stehen zahllose Menhire, sei es als einzelne Steinriesen, in langen Reihen oder zu Kreisen angeordnet und auch Dolmen und Tumuli. Über ihre Ursprünge ist noch immer kaum etwas bekannt. Wer darüber weitergrübeln möchte, kann das allerdings auch am schönen Atlantikstrand tun.

Etwa 4500 Jahre vor unserer Zeitrechnung begannen Menschen in der Gegend von Carnac große Steine aufzustellen. Menhire werden sie genannt, der Name leitet sich ab von den bretonischen Wörtern *maen* für Stein und *hir* für lang. In Deutschland hießen sie einst Hinkelsteine. Dass dieser Begriff in den Asterix-Heften wieder auftauchte, verlieh dem deutschen Menhir-Tourismus in die Bretagne einen deutlichen Aufschwung. Im Gegensatz zu Obelix' Handelsgeschäft werden die Steine allerdings nicht durch die Gegend getragen, sondern stehen seit Jahrtausenden am gleichen Fleck. Aus kilometerweit entfernten Orten wurden sie auf Baumstämmen herangerollt und mit Seilen und Hebeln in eine senkrechte Position gebracht.

Geheimnisvolle Kultstätten

Der größte Brocken der Gegend ist der insgesamt 20,60 Meter lange Grand Menhir Brisé in Locmariaquer, der zwei Meter tief in die Erde eingelassen worden war, damit er aufrecht stand. Einige hundert Jahre nach seinem Aufbau zerbrach er in vier Teile. Aufgrund deren geraden Bruchkanten geht man heute davon aus, dass er mit Absicht umgestürzt wurde. Möglicherweise wollte man Teile des Stein-

Die mit vier Meter höchsten Steine in den Menhir-Reihen von Carnac stehen stets am westlichen Ende (links). Der monumentale Dolmen »Table des Marchand« war früher vermutlich eine Kultstätte (rechts oben). Trimarane bei einer Regatta vor La Trinité (rechts unten).

riesen als Deckplatten für einen Dolmen (deutsch: »Steintisch«) verwenden. Die kleineren dieser Grabmäler bestehen aus drei aufrecht stehenden Steinen und einem Deckel, für den einige Meter entfernten monumentalen Dolmen Table des Marchand »Tisch der Händler« wurden allerdings viele Steine benötigt. Da man hier weder Gebeine noch Grabbeigaben entdeckt hat, könnte es sich bei diesem Bauwerk eher um eine Kultstätte als um ein Grab handeln. Der größte Tumulus – ein mit Erde bedeckter Grabhügel – des Gebiets ist der 125 Meter lange und zehn Meter hohe Saint-Michel bei Carnac, auf dem eine Kapelle steht. In seinem Inneren wurden Knochenreste und Schmuck gefunden.

Eingesperrte Steine

Rund 3000 Menhire wurden einst bei Carnac in sogenannten Alignements aufgestellt. Diese Steinreihen waren ursprünglich wohl bis zu acht Kilometer lang. Heute bilden die unterschiedlich großen Granitsteine nur mehr rund drei Kilometer lange Linien, wobei die bis zu vier Meter hohen Riesen stets am westlichen Ende stehen. In Le Menec werden die Reihen zu beiden Seiten mit Cromlechs (»Steinkreisen«), abgeschlossen, in Kermario und Kerlescan sind nur noch Reste davon erhalten. Die Stätten sind nur außerhalb der Saison frei zu besichtigen. Im Sommer ist ein Besuch nur in Begleitung eines Guides möglich.

Von wem die Steine aufgestellt wurden und warum, ist nicht geklärt. Man vermutet, dass es sich um ein unbekanntes, seefahrendes Volk handelte. Je weniger man weiß, desto dichter ranken sich die Legenden. Eindeutig falsch ist die in frühen Jahren von christlichen Geistlichen kolportierte Geschichte, bei den Menhiren handele es sich um römische Legionäre. Diese hätten den fliehenden heiligen Cornelius verfolgt, der sie deshalb in Steine verwandelte. Lässt man einmal die Naturwissenschaft beiseite, kann das schon deshalb nicht stimmen, weil die Menhire bereits Tausende Jahre vor Ankunft der Römer hier standen. Noch heute glauben einige Bretonen daran, dass es gegen Unfruchtbarkeit hilft, wenn eine Frau ihren Unterleib an einem bestimmten Menhir reibt. Ein anderer Menhir soll für Kindersegen sorgen, wenn sich ein Paar nachts in seinem Umkreis liebt. Das wäre ja einen Versuch wert.

JENSEITS DER STEINZEIT

Zwischen Carnac und Locmariaquer bringt der Hafenort La Trinité-sur-Mer den Menhir-Fan wieder in die Jetztzeit zurück. Zwar kann man auch bei den beiden erstgenannten Orten Strand und Wasser genießen, doch La Trinité bietet zudem einen Yachthafen mit allen Annehmlichkeiten. Schon in den 1960er-Jahren baute man weit ins Meer ragende Molen und Anleger. Heute bilden hier mehr als 1200 Boote, von der Luxusyacht bis zum kleinen Ausflugskahn, einen Wald aus schwankenden Masten. Unter den Bars und Restaurants am Kai ist »Le Carré« im ältesten Haus am Hafenrand eine Einkehr wert. Fisch und Austern gibt es dienstags und freitags auf dem Markt und jeden Tag frühmorgens kommt der frische Fisch in der Criée, der Auktionshalle, zur Versteigerung. La Trinité ist zudem Ausgangspunkt bekannter Segelregatten, beispielsweise der Spi Ouest-France zu Ostern, l'Ar Men Race und Tour de Belle-Île.

WEITERE INFORMATIONEN

Office de Tourisme, Tel. 02 97 55 72 21, www.ot-trinite-sur-mer.fr

Der Golf von Morbihan mit seinen vielen Inseln ist ein Paradies für Wassersportler (links). Größte Attraktion auf der Halbinsel Rhuys: das Château de Suscinio (rechts unten). Endstation einer tragischen Liebe war die sehenswerte Abtei Saint-Gildas de Rhuys (rechts oben).

33 Das Reich der Inseln – der Golf von Morbihan

Abschalten und genießen

Nur durch eine Passage von kaum einem Kilometer Breite ist der Golf von Morbihan mit dem Atlantik verbunden. »Kleines Meer« nennen ihn die Bretonen. Mit seinen vielen Inseln lockt er Wassersportler ebenso wie Vögel. Von Besuchern aus weit entfernten Zeiten zeugen mehrere Megalithen. Heutige Besucher schätzen auch die Strände auf der Halbinsel Rhuys, die den Golf vom Ozean trennt.

Angeblich liegen im Golf von Morbihan 365 Inseln, »für jeden Tag des Jahres eine«. Nachzählen ist schwierig, auf viel mehr als 50 würde man allerdings nicht kommen. Aus der Luft sieht er wie ein faszinierender Flickenteppich aus Wasser und Land aus, den zahllose Segelboote schmücken. Die Inseln sind alle in Privatbesitz, außer den beiden größten. Zur »Mönchsinsel« Île-aux-Moines setzt die Fähre von Port Blanc aus über. Im 9. Jahrhundert schenkte sie der König der Bretagne der Abtei von Redon. Mönche sucht man allerdings unter den 650 Einwohnern, die vom Tourismus und der Austernzucht leben, heute vergebens. Die Île-aux-Moines lässt sich gut zu Fuß oder mit dem Rad erkunden, vorbei an niedrigen Häusern und Steinmauern, Feigenbäumen, Flieder, Kamelien, Mimosen und Palmen. Hier locken kleine Badestrände, Segel- und Kajakreviere sowie einige Menhire. Noch beschaulicher ist die benachbarte Île d'Arz mit ihren 230 Einwohnern. Wer hier mit der Fähre ab der Pointe de Conleau ankommt, macht sich auf den grünen Fußweg zur Ostküste auf oder auf den blauen Pfad nach Westen zur Gezeitenmühle an der Pointe de Berno, zum Wassersportzentrum mit Bootsverleih und Rundtouren durch den Golf.

Steinkunst im Golf

Ab Larmor-Baden bringt ein Boot Besucher zur privaten unbewohnten Île de Gavrinis. Dort wurden vor rund 6000 Jahren etwa 20 000 Tonnen Bruchsteine für einen gigantischen Cairn verbaut. Er ist rund acht Meter hoch, misst 50 Meter im Durchmesser und in seinem Inneren führt ein 13 Meter langer Gang in eine mit kunstvollen Ornamenten verzierte Kammer. Etwa 500 Meter weiter südlich sind auf der Mini-Insel Er Lannic – als Vogelschutzgebiet nicht zu betreten – zwei Steinkreise zu entdecken, einer von ihnen liegt komplett im Wasser. Die Île de Berder ist dank des starken Tidenhubs im Golf bei Ebbe zu Fuß über einen Damm zu erreichen. Sie gehörte früher dem Kosmetikkonzern Yves Rocher, der sie samt Schloss für Familienurlaube verpachtet hatte. Jetzt wird hier ein Luxushotel gebaut, doch der Zugang zur Île de Berder und den Fußwegen am Ufer soll auch in den nächsten Jahren öffentlich bleiben.

Im Rhythmus des Meers

Die Halbinsel Rhuys trennt im Süden den Golf von Morbihan vom Atlantik. An ihrer Spitze liegt an der Ostseite der Passage zwischen dem »Kleinen Meer« und dem Ozean der Ort Arzon mit dem Leuchtturm von Port Navalo. Gemeinsam mit dem weiter draußen stehenden Phare de la Teignouse weist er den Schiffen den Weg an Quiberon und der Insel Houat vorbei in den Hafen. Nicht immer erfolgreich: Im Jahr 1922 lief hier das Schlachtschiff »France« auf einen Felsen auf und versank. Am traditionellen Hafen kann man in netten, zum Verweilen einladenden Bars das Hin und Her der Inselfähren verfolgen, dem neuen Yachthafen Port Crouesty etwas weiter östlich fehlt dagegen das Flair. Ein Zwilling des Megalithbaus auf Gavrinis ist der Cairn de Petit Mont, an dem über 2000 Jahre lang gebaut wurde. Nicht weit entfernt steht der Tumulus de Tumiac. Sehenswert sind auch Kerners, der älteste Ortsteil von Arzon mit seinen hübschen Häusern rund um die charmante Kapelle Saint-Nicolas, und die Mühle von Pen Castel aus dem 12. Jahrhundert.

Die größte Attraktion der Halbinsel ist jedoch das sehr gut restaurierte Château de Suscinio in Sarzeau. Die Herzöge der Bretagne ließen es als Jagd- und Lustschloss im 13. Jahrhundert zwischen Wald und Sumpf errichten und mit Wassergräben, Mauer und sieben Türmen sichern. Kindern gefallen die Angebote, das einstige Burgleben nachzuvollziehen, den Höhepunkt für alle bietet jedoch das mittelalterliche Spektakel im Sommer.

AMOUR IMPOSSIBLE

Der junge Theologieprofessor Pierre Abélard verliebt sich in die 17-jährige Héloise und lässt sich deshalb vom Kanoniker Fulbert als Lehrer für seine schöne Nichte engagieren. Doch den beiden steht der Sinn weniger nach Büchern als nach leidenschaftlicher Liebe. Lange bleibt die Liaison nicht geheim, Héloise wird schwanger und Abélard versteckt sie bei seiner Schwester, wo sie einen Sohn gebärt. Sie müssen heiraten, verlangen jedoch von Fulbert, dies geheim zu halten, da sie ihre Liebe nicht durch eine spießige Ehe gefährden wollen. Doch Fulbert hält sich nicht daran, es kommt zum Streit und der Kanonikus lässt Abélard durch Landsknechte entmannen. Die beiden Liebenden kommen in verschiedene Klöster, Abélard in die Abtei von Saint-Gildas de Rhuys, wo er zum Abt aufsteigt. Aber auch abgesehen von diesem Liebesdrama ist das Kloster mit den Reliquien des heiligen Gildas sehenswert.

WEITERE INFORMATIONEN

Die »Klosterfreunde«,
Tel. 06 16 29 63 48,
www.amis-abbatiale.blogspot.fr

Bezauberndes Ensemble in Vannes, mit der alten Stadtmauer und der früheren Bastion de la Garenne. Durch die kunstvollen Gartenanlagen fließt die Marle.

Gassen mit gut erhaltenen Fachwerkhäusern machen den Charme von Vannes aus (links). Die gotische Kathedrale Saint-Pierre aus dem 15. Jahrhundert mit einem 200 Jahre älteren romanischen Glockenturm (rechts unten). Saft, Cidre und Schnaps von einem kleinen Bio-Hof nahe Vannes (rechts oben).

34 Juwel am Golf – Vannes

Munteres Leben vor mittelalterlichen Fassaden

»Stadt der Kunst und Geschichte« – diesen Titel darf die Hauptstadt des Morbihan ganz offiziell tragen. Im größtenteils von alten Festungsmauern umschlossenen Kern von Vannes ist ihr Kulturerbe auf Schritt und Tritt zu erleben. Das Juwel am Golf prägen jedoch nicht nur mittelalterliche Bauten: Hier pulsiert das moderne Leben mit allen Annehmlichkeiten einer Stadt am Binnenmeer.

Auf dem Gebiet des heutigen Vannes lag einst die antike Stadt Darioritum. Mit den Römern kam hier der Aufschwung: Die ersten Befestigungsanlagen entstanden im 3. Jahrhundert, die Christianisierung begann, und der heilige Paternus wurde Ende des 5. Jahrhunderts einer der ersten Bischöfe der Bretagne. Im 9. Jahrhundert proklamierte Nominoë, der Graf von Vannes, die Unabhängigkeit der Region. Die Stadt wurde mehrmals von Normannen überfallen und niedergebrannt, bis die Schutzmauern nach dem bretonischen Erbfolgekrieg im 14. Jahrhundert vergrößert wurden. 1532 wurde die Bretagne französische Provinz und Vannes verlor seine Bedeutung als Hafen.

Beim heiligen Vinzenz

Heute ist der Yachthafen aus den 1960er-Jahren einer der Anziehungspunkte für in- und ausländische Besucher. Vom Hafen kommend, erreicht man die schöne Porte Saint-Vincent mit der Statue des heiligen Vinzenz Ferrer. Der spanische Priester war 1418 von Jean V. zu Hilfe gerufen worden, um die Gottlosigkeit in Vannes zu bekämpfen. Nach einer Predigtreise

durch die ganze Bretagne, bei der er 873 Wunder vollbracht hatte, kehrte er verständlicherweise erschöpft nach Vannes zurück. Dort starb er alsbald im Jahr 1419 und wurde 1455 heiliggesprochen – und solange der Arm seiner Statue am Stadttor himmelwärts zeigt, wird Vannes nicht überschwemmt. Sagt man. Hinter dem Tor drängen sich in Vannes' Innenstadt schmuckvolle Stadtvillen und wunderbar restaurierte Fachwerkhäuser rund um die Place des Lices, auf der im Mittelalter Turniere stattfanden. In der dortigen Fischhalle locken frische Köstlichkeiten aus Golf und Meer. In der Kathedrale Saint-Pierre hütet die erste Renaissance-Kapelle der Bretagne die Reliquien des Vinzenz Ferrer, eine Büste des Heiligen und einen Wandteppich mit Darstellungen seiner Wunder. Nicht weit entfernt hängt in der Cohue, dem Museum der Schönen Künste, neben vielen anderen Werken das Gemälde »Christus am Kreuz« von Eugène Delacroix. Die nackten Brüste seiner heiligen Magdalena ließ einst ein Pfarrer übermalen.

Koexistenz von gestern und heute

Der Weg führt zur Porte Prison, in der während der Französischen Revolution Royalisten und Kleriker eingesperrt waren. Dahinter bildet das Viertel Saint-Patern mit der gleichnamigen Kirche das mittelalterliche Herz von Vannes. Jedes Jahr zieht hier am 13. und 14. Juli bei den »Fêtes historiques« ein Festzug mit Bürgern in traditionellen Gewändern durch die Straßen. Tanz und Trinken sowie das abschließende Feuerwerk finden unterhalb der gut erhaltenen Stadtmauer in den »à la française« gestalteten Gartenanlagen entlang des Flüsschens Marle statt. Dort stehen vor der früheren Bastion de la Garenne die reizenden Waschhäuser aus dem 19. Jahrhundert mit ihren langen Schieferdächern. Das einstige Château de l'Hermine beherbergt heute das Kulturinstitut und in der Tour Trompette dahinter wohnte früher der Stadttrompeter. Nicht versäumen sollte man das Geschichtsmuseum Château Gaillard mit Funden aus den Dolmen der Umgebung sowie einen Blick auf das Hôtel de Ville, eine kleine Kopie des Pariser Rathauses. Gegenüber dem Museum zieren die zwei Gesichter der bekannten Skulptur »Vannes et sa femme« eine Hauswand. Im Süden der Stadt führt der Weg vom Hafen mit den hübschen Gebäuden aus dem 19. Jahrhundert zum Schmetterlingsgarten mit dem tropischen Glashaus.

DAS BESTE AUS ÄPFELN

Südwestlich von Vannes bauen Marc und François in der »Cidrerie du Golfe« in Le Moustoir auf fünf Hektar fünf verschiedene Apfelsorten an. Das Bio-Obst wird von Hand geerntet und sofort vor Ort verarbeitet. Der Apfelsaft ist eine Cuvée aus allen Sorten und fällt von Jahr zu Jahr unterschiedlich aus. Cidre wird in acht Varianten angeboten, von ausgewogen fein bis sauer – für jeden Geschmack etwas. »Dayou« ist eine Assemblage aus zwei Dritteln Saft und einem Drittel Apfelschnaps, die zwei Jahre im Eichenfass ruht. Der Schnaps »Lambig«, Bretonisch für *eau-de-vie*, reift zehn Jahre in Eiche, der gehaltvolle Apfelbrand besitzt 40 Prozent Alkohol. Und zu guter Letzt produzieren die beiden Apfelbrenner noch einen – ebenfalls in Holz reifenden – Apfelessig. Verkauf und Verkostung auf dem Hof, Besichtigung der Produktion nach Voranmeldung. An einigen Abenden im Sommer finden kleine Konzerte statt.

WEITERE INFORMATIONEN

Tel. 09 80 67 61 75, www.la-cidrerie.fr

Die Aiguilles de Port-Coton an der Westküste der Belle-Île waren ein beliebtes Motiv von Claude Monet (links). Die Zitadelle im Hauptort Le Palais zeigt, dass einst Verteidigung nötig war (rechts oben). Im Norden an der Pointe des Poulins mit ihrem Leuchtturm befand sich die Sommerfrische des Schauspielstars Sarah Bernhardt (rechts unten).

35 Felsen und Festung – Belle-Île

Der Name ist Programm

Die mit 84 Quadratkilometern größte der bretonischen Inseln trägt ihren Namen zu Recht – sie ist eine wahre Schönheit mit einer vielfältigen Pflanzen- und Vogelwelt, einer langen Geschichte und verlockenden kulinarischen Genüssen, vielen kleinen Buchten und Stränden. Um den Reichtum der Belle-Île in Ruhe genießen zu können, führen rund um die Insel nur Fußgängern vorbehaltene Wege.

Seit Urzeiten lebten Menschen auf der Insel. Davon zeugen die beiden Menhire Jean und Jeanne, die beim Ort Sauzon an der D 25 stehen. Die beiden jungen Leute waren einander versprochen, konnten aber die Hochzeit nicht abwarten und wurden – bei der Liebe ertappt – zu Stein, um sich für alle Zeiten zwar sehen, aber nicht berühren zu können. Doch man wäre nicht in der Bretagne, würden nicht einige Inselbewohner schwören, dass sich die beiden in manchen Nächten einander genähert hätten. Spätere Einwanderer waren Akadier aus Französisch-Kanada. Von den Engländern in alle Welt vertrieben, landeten 78 Familien 1765 auch auf der Belle-Île und wurden hier sesshaft.

Reich gedeckter Tisch

Heute kommen die Besucher per Schiff vom Festland, hauptsächlich vom Port Maria in Quiberon. Auf der Insel ist es zu Fuß oder mit dem Rad am angenehmsten, doch Bequemere nehmen gern die beliebten kleinen Cabrios. Das Leben spielt sich überwiegend an der Küste ab, der frisch gefangene Fisch kommt am gleichen Tag auf den Speiseteller. Im Inselinnern hat Landwirtschaft noch eine große Bedeutung. Lammfleisch mit dem Gütezeichen

»Agneau du large«, Rind mit dem Siegel »Viande des embruns« und der Ziegenkäse sind begehrte Produkte. Den Hauptort Le Palais dominiert die Zitadelle mit dem interessanten historischen Museum. Die befestigte Stadtmauer wurde von Vauban geplant, aber erst 100 Jahre nach dessen Tod gebaut – beeindruckend ist die Porte Vauban am Ortsausgang Richtung Bangor. Die Maison de la Nature zeigt eine Dauerausstellung über Fauna und Flora der Insel und organisiert auch geführte Rundgänge. Drei Kilometer südlich von Le Palais versorgte die »Belle Fontaine« oder »Aiguade Vauban« ab Beginn des 18. Jahrhunderts Schiffe mit Süßwasser. Das ungewöhnliche Bauwerk wird von einem Brunnen gespeist und hat ein Fassungsvermögen von rund 860 000 Litern.

Vermächtnis eines Weltstars

Bangor liegt im Inselinneren, zur wilden Westküste ist es jedoch nicht weit. Die »Aiguilles de Port-Coton«, eine Felsformation im Meer, waren ein beliebtes Motiv von Claude Monet. Wenn die Gischt an den Felsen hochschlägt, sehen die Schaumflocken wie Baumwolle (Französisch: *coton*) aus. Den besten Blick über Insel, Meer und Kontinent hat man wie üblich vom Leuchtturm. Der Grand Phare steht in Kervilahouen westlich von Bangor, 247 Stufen warten auf sehnsüchtige Besucher. Der kleine Ort Locmaria am östlichsten Zipfel besitzt die älteste Kirche der Insel und den wunderhübschen Park Jardin de la Boulaye, durch den die Besitzerin Véronique de Laboulaye Besucher auf einem 1,5-stündigen Rundgang führt. Auf der wilden Westseite ist die Grotte de l'Apothicairerie unmittelbar vor der Inselspitze ein Anziehungspunkt für Besucher. Hübsche Häuser in Gelb und Rosa, bunte Fensterläden, Restaurants am Hafen, kleine Gassen rund um die Kirche – Sauzon im Nordosten der Insel ist ein angenehmer Ort zum Flanieren. An der äußersten Spitze entsteht ein Gefühl von Ewigkeit, seit Jahrmillionen brechen sich hier schon die Wellen, haben die Felsen geformt. Quarzadern durchziehen den Schiefer und lassen ihn in der Sonne aufblitzen. Hier fühlte sich Sarah Bernhardt wohl, die berühmteste Schauspielerin der Jahrhundertwende. Sie kam 29 Sommer nacheinander auf die Insel und finanzierte ihren Mitbürgern eine Bäckereikooperative. In ihrem früheren Haus befindet sich heute ein Museum.

MIT HAMMER UND MEISSEL

Eine Berühmtheit von Belle-Île sind die *pouces-pieds*, wissenschaftlich *Pollicipes pollicipes* und im Deutschen »Entenmuscheln« genannt. Sie verankern sich mit einem biegsamen muskulösen Stiel fest auf den Steinen. Auf dem Stiel sitzt ein muschelförmiges Gebilde. Als Lebensort benötigen sie Felsen, die ständig vom Meer überspült werden, aber nicht unter Wasser liegen. Um sie zu ernten, schlagen die Fischer sie – von Wellen umtost – mit Hammer und Meißel vom Stein ab, ein gefährlicher Job, der auch den hohen Preis erklärt. Der »Abbau« der Muscheln ist stark reglementiert, um den Bestand nicht zu gefährden. Sie werden gekocht oder gedünstet, gegessen wird nur der Stiel. Von der Konsistenz ähneln sie Calamares, sie schmecken eindeutig nach Meer, salzig und jodhaltig. In einigen Restaurants der Insel werden sie je nach dem Erfolg der Fischer angeboten, z. B. im »La Paranthèse« in Le Palais.

WEITERE INFORMATIONEN

La Paranthèse, Tel. 02 97 29 30 24

Von der Oberfläche des fast verdunsteten Wassers schöpft ein Salzbauer *(paludier)* von Guérande das edle Fleur de Sel ab.

36 Wo die Salzblumen blühen – Guérande

Weißes Gold und alte Schätze

Die Salzgewinnung reicht in Guérande bis in das 5. Jahrhundert zurück und die Produkte seiner Salzgärten genießen auch bei deutschen Feinschmeckern einen ausgezeichneten Ruf. Doch auch das mittelalterliche Stadtzentrum ist sehenswert.

Zwei Drittel der 300 Salzbauern von Guérande, der *paludiers*, sind in der Kooperative zusammengeschlossen, die das Infozentrum »Terre de Sel« betreibt. Salz ist das Endergebnis der Verdunstung von Meerwasser: Vom Ozean fließt das Wasser in die Salinen, durchläuft zunächst die *cobiers* genannten Reinigungsbecken, dann erfolgt die Vaporisation. Der Anteil des weißen, stark salzigen Fleur de sels an der Gesamternte beträgt acht Prozent. Dann schieben die Salzbauern das darunterliegende *gros sel* (»grobes Salz«) mit einem langen, *las* genannten Gerät zu großen Haufen zusammen. Da der Boden hier stark tonhaltig ist, hat das Salz eine graue Färbung und enthält viele wertvolle Mineralien wie Magnesium, Eisen oder Kalzium. Das »Terre de Sel« organisiert Rundgänge und bietet viele Produkte auf Basis von Sel de Guérande an.

Während des bretonischen Erbfolgekriegs im 14. Jahrhundert ging es in der Region drunter und drüber. Jean de Montfort ließ »seine« Stadt Guérande, die strategisch günstig auf einem Hang oberhalb der Salzgärten lag, nach ihrer Zerstörung wieder aufbauen und mit einer Befestigungsmauer umschließen, die ihren Zweck vollkommen erfüllte. Heute noch ist die Anlage mit der 1300 Meter langen Mauer, den vier Toren und sechs Türmen vollständig erhalten und bewohnt. Durch das majestätische Tor Saint-Michel führen autofreie Pflasterstraßen vorbei an Crêperien, Souvenirläden, Konditoreien mit Guérandesalz-Biskuits und der Kirche Saint-Aubin. Jedes Jahr im Mai/Juni geraten die Bewohner der Stadt beim Mittelalterfest außer Rand und Band.

Info: Terre de Sel, Pradel, Guérande,
Tel. 02 40 62 08 80, www.terredesel.com

37 Urwüchsiger Charme – La Brière

An Bord einer flachen schwarzen Barke, einer *chaland*, kommen Besucher der urwüchsigen Sumpf- und Lagunenlandschaft am nächsten.

Eine fast unberührte Naturlandschaft

Ohne genaue Kenntnis der Region würde man an der faszinierenden Sumpf- und Lagunenlandschaft der Brière einfach vorbeifahren – dabei ist sie mit mehr als 40 000 Hektar Fläche nach der Camargue der größte Naturpark Frankreichs.

Zwischen den Mündungen von Loire und Vilaine erstreckt sich eine Landschaft, die den Besucher in vergangene Zeiten zurückversetzt. Zu Fuß kann man das Gebiet in drei Tagen rundum erkunden, mit dem Rad führt eine Tour ab Saint-Lyphard vorbei an einigen Megalithen, traditionellen Brotbacköfen und mehr als 150 *chaumières*, den hier typischen reetgedeckten Hütten. Lohnend sind Besuche von Kerhinet, einem bewohnten Museumsdorf, sowie den Gärten von Kermoureau mit kleinen Teichen, Magnolien und Ginkgos. Die Chaumière des Marionettes, ein schlichtes Haus in La Chapelle des Marais, präsentiert ungewöhnliche Marionetten. Am nordöstlichen Rand des Naturparks steht in Missillac das Château de la Bretesche, dessen Park zu besichtigen ist. Die Sümpfe der Grande Brière bilden ein Freilichtmuseum der Natur. Hier gibt es mehr Wasserläufe als Wege, und am besten kommt man mit den *chalands* voran. Diese schwarzen Barken können unter anderem ab Bréca oder La Chaussée Neuve mit oder ohne Guide gemietet werden. Die sehenswerte winzige Insel Fédrun ist von Saint-Joachim aus zu erreichen, dem größten Ort der Region. Artenreiche Feuchtwiesen, Schilf und kleine Inseln, Seerosen und gelbe Iris, dazu reichhaltige Fischbestände, Kormorane, Grau- und Silberreiher, an Land Hasen, Wiesel und Hermeline – hier scheint die Welt noch in Ordnung und ein Paradies für Naturfreunde zu sein. Doch seitdem kein Schilf mehr geschnitten und kein Torf mehr gestochen wird, drohen einige Gebiete auszutrocknen.

Info: Maison du Parc, Office de Tourisme de Brière, Kerhinet. Tel. 02 40 66 85 01
www.parc-naturel-briere.fr

In Top-Lage wurde das Luxushotel »L'Hermitage« 1926 an der Strandpromenade von La Baule errichtet (links). Eine Regatta steht bevor – Katamarane liegen am Strand bereit (rechts oben). Dank der Pier am Plage des Dames auf der Insel Noirmoutier können Boote in Strandnähe anlegen (rechts unten).

38 Luxus und Bescheidenheit – von La Baule bis zur Insel Noirmoutier

Eine spannende Küste

La Baule wurde als luxuriöser Badeort für Sonnenanbeter, Sportbegeisterte und Kulturfreunde konzipiert. Sein weitläufiger Strand ist allgemein beliebt und nach dem Sonnenbad lockt ein breites Unterhaltungsangebot. Quasi als Gegenentwurf dazu zeigt sich weiter im Süden die Insel Noirmoutier: Hier stehen Natur, Entspannung und einfache Genüsse im Vordergrund.

Die Geschichte von La Baule beginnt mit einer mächtigen Wanderdüne, die im 19. Jahrhundert den Ort Escoublac bedrohte. Das Dorf wurde um einen Kilometer versetzt, die Kirche allerdings vom Sand begraben. Später pflanzte man einen Kiefernwald, um eine weitere Katastrophe zu verhindern.
Die ab 1896 La Baule-Escoublac genannte Stadt verdankt ihren Aufschwung dem Geschäftsmann François André. Der Unternehmer übernahm das Luxushotel »Royal«, baute ein neues Kasino sowie 1926 die Top-Hotels »L'Hermitage« und »Castel Marie-Louise«, die nur durch die Promenade vom Strand getrennt sind. Gleichzeitig ließ er zur Unterhaltung der Hotelgäste einen Golfplatz anlegen, gründete den Tennisclub, eröffnete Restaurants und Bars. Das Geschäftsimperium ging über auf seinen Neffen Lucien Barrière, unter dessen Namen heute in ganz Frankreich Hotels und Kasinos existieren.

Sport, Kultur – und Strandvergnügen

Seit 1989 halten in La Baule einige TGVs, sodass der Ort von Paris aus in weniger als drei Stunden zu erreichen ist. In der zweiten Linie, direkt hinter den großen Hotels, sind etliche Zweitwohnsitze entstanden, zumeist völlig ver-

CASINO
115124

Hohe Stelzenhütten an der Küste bei Pornic erleichtern den Fischern die Arbeit (links oben). Der Hafen von La Baule ist nur noch für Yachten da (links unten). Spektakulär erhebt sich das Skelett einer riesigen Schlange aus dem Wasser der Loire (rechts oben). Fahrräder sind das ideale Fortbewegungsmittel auf der kleinen Île d'Yeu (rechts unten).

spielte Villen, ungewöhnliche Bauten ohne einheitlichen Stil, mit bretonischen, mediterranen und baskischen Einflüssen, mit Türmchen, Erkern und Balkonen, jeweils aus einem Mix diverser Farben und Materialien. Entsprechend der Idee von François André werden die Feriengäste das ganze Jahr über mit sportlichen und kulturellen Highlights unterhalten. Im Mai kommen die weltbesten Springreiter bei freiem Eintritt für die Zuschauer, Besuchermagnete sind aber auch der internationale Drachenbootwettbewerb, die Regatta legendärer Segelboote, das Kitesurf-Derby und der Triathlon. Kulturliebhaber erfreuen sich am Literaturtreffen sowie am Jazz- und Filmfestival. Doch neben all dem sollte man eins nicht außer Acht lassen: den Strand. Mehr als sechs Kilometer zieht er sich die Bucht entlang, überwiegend durch das Hinterland geschützt und dadurch für Kinder zum Baden sehr geeignet. Am Hauptstrand sind im Sommer blau-weiße Umkleidezelte aufgestellt – wie zu Urgroßmutters Zeiten. Die Strände der Gemeinden Pornichet im Osten und Le Pouliguen im Westen schließen sich an, in Le Croisic am Zipfel der Halbinsel begeistert das Océarium mit seinen australischen Haien, Seepferdchen und Seesternen. Für Kinder ist die Fütterung der Pinguine meist der größte Spaß. In La Turballe, dem größten Fischerhafen des Départements Loire-Atlantique, widmet man sich vor allem der Sardinenfischerei. Versteigert wird der fangfrische Fisch wochentags ab sechs Uhr morgens in der »Criée«, um abends auf die Teller der örtlichen Restaurants zu kommen – frischer geht's nicht.

Kunst im Wasser

Das Pays de Bretz auf der linken Loire-Seite bildet das südliche Tor zur Bretagne. In Saint-Brevin-les-Pins finden Strandsegler auf den harten Sandflächen entlang des Wassers ein ideales Revier, ebenso wie die Kitesurfer im Wasser. Das stählerne Skelett einer riesigen Schlange, die »Serpent d'Océan« von Huang Yong Ping, liegt hier direkt an der Mündung in Strandnähe. Durch die Gezeiten scheint sie sich zu bewegen, befindet sich bei Flut ganz im Wasser und scheint bei Ebbe den Strand heraufzukriechen. Weitere Kunstinstallationen sind einige Kilometer flussaufwärts bei Paimbœuf zu sehen: der »Besternte Garten« von Kinya Maruyama und der »Misconceivable« des Österreichers Erwin Wurm bei Le Pellerin – ein Boot, das schlaff über der Kaimauer zu hängen scheint und von den Einheimischen daher als *bateau mou* (»schlaffes Boot«) bezeichnet wird. Bis hierhin führt ab Paimbœuf der Canal de la Martinière. Er wurde Anfang des 20. Jahrhunderts parallel zur Loire für Schiffe mit größe-

rem Tiefgang gebaut, war aber schon bald dafür nicht mehr geeignet. Heute ist er ein schönes Fleckchen für Wanderer, Radler und Angler. Auf halber Strecke lohnt sich mit Kindern etwas abseits des Kanals in Frossay der Besuch des »Legendia Parc«, einer Mischung aus Zoo, Geschichte und Legendenshows. Von Saint-Brevin schwingt sich weithin sichtbar in elegantem Bogen die 1974 erbaute Autobrücke über die Loire nach Saint-Nazaire. Auf dem Weg nach Süden, im Ort mit dem merkwürdigen Namen Saint-Michel-Chef-Chef, findet man auf dem Campingplatz ungewöhnliche Übernachtungsmöglichkeiten: einen historischen Eisenbahnwaggon, zwei Flugzeuge, Straßenbahn, Bus und Planwagen. Kinder lieben das. Der Hafen von Pornic mit seinen Fischerbooten und traditionellen Seglern, darüber enge Gassen und Treppen, wird dominiert von einer Burg aus dem 13. Jahrhundert. An der abwechslungsreichen Küste liegen felsige Täler ebenso wie familienfreundliche Strände – geprägt wird das Bild von Fischerhütten, die auf hohen Stelzen im Wasser stehen.

Tückische Überfahrt

Bereits die Fahrt zur Île de Noirmoutier ist die Reise wert: Bei Ebbe ist sie über die 4,5 Kilometer lange Pflasterstraße Passage du Gois erreichbar. Verpasst man das Einsetzen der Flut, hilft nur noch, auf einen der zahlreichen stählernen Rettungstürme zu klettern. Für Furchtsame: Seit 1971 führt auch eine Brücke auf die Insel. Während des Niedrigwassers sind entlang der Passage viele Menschen mit Drahtkörben zu sehen, die hier im Schlick nach Muscheln oder den kleinen Meeresschnecken, den *bigorneaux* suchen. »La pêche à pied« wird das Fischen zu Fuß genannt. Das Leben auf Noirmoutier ist schlicht, das Meer bestimmt den Rhythmus. Zwei Drittel der von 10 000 Menschen bewohnten Insel liegen unter dem Meeresspiegel, man lebt von der Salzgewinnung, dem Fischfang und natürlich vom Tourismus. Der Hauptort Noirmoutier-en-l'Île besitzt die schlichte Kirche Saint-Philibert, einen schönen Rathausplatz und einen malerischen Hafen. An der breiten Plage des Dames genießt man die Sonne, im Frühjahr die Mimosenblüte. Schloss und Aquarium lohnen den Besuch. Das größte kulinarische Highlight ist nicht Fisch – obwohl stets sehr frisch und lecker, sondern die mit Seetang gedüngten Kartoffeln der Sorte Bonnotte. Mit bis zu 500 Euro pro Kilogramm sind sie die teuersten weltweit.

RADFAHRER IM INSELGLÜCK

Eine halbe Stunde mit dem Katamaran ab Port Fromentine, dann ist die Île d'Yeu erreicht – der Lebensraum für viele Vögel, 16 Orchideenarten und andere geschützte Pflanzen. Die nur zehn Kilometer lange und knapp vier Kilometer breite Insel zählt 5000 Einwohner und ist leicht mit dem Fahrrad zu erkunden. Hier locken Leuchttürme, lange Sandstrände hinter schützenden Dünen im Nordosten, eine wilde Felsküste im Südwesten, Dolmen, ein mittelalterliches Schloss und ein Fischereimuseum. Im schnuckeligen Hafen Port de la Meule beteten die Einheimischen in der schneeweißen Kirche Notre-Dame de Bonne Nouvelle für die wohlbehaltene Rückkehr der Fischer. Noch 150 gibt es auf der Insel, ihren Fang bieten sie auf den Märkten im Hauptort Port Joinville und in Saint-Saveur an. Dort findet man auch den intensiv schmeckenden, in Asche gewendeten Ziegenkäse von Yeu.

WEITERE INFORMATIONEN

Auskunft über die gezeitenabhängigen Fährzeiten gibt das **Office de Tourisme**, Tel. 02 51 58 32 58, www.ile-yeu.fr

Eindrucksvoll überspannt die fast 3,5 Kilometer lange Brücke die Loire zwischen Saint-Nazaire und Saint-Brevin-les-Pins (links). Der frühere U-Boot-Bunker beheimatet »Escal'Atlantic«, eine Erlebniswelt über die Zeit der Linien-Ozeandampfer (rechts unten). Monsieur Hulot machte hier Ferien, seine Statue überwacht das Treiben am Strand (rechts oben).

39 Heimat der Ozeanriesen – Saint-Nazaire

Krieg und Frieden

Die Industriestadt Saint-Nazaire ist zwar keine ausgesprochene Schönheit, doch Schiffbau und Luftwerft sorgen nicht nur für Arbeitsplätze, sondern sind auch Schauplätze spannender Besichtigungstouren. Stolz ist man hier auf die 20 Strände, von denen einer sogar internationalen Ruhm erlangte, denn schließlich verbrachte Monsieur Hulot hier seine Ferien.

Seit der Mitte des 19. Jahrhunderts wurden in Saint-Nazaire Hafenbecken für Schiffe mit großem Tiefgang angelegt. Schon bald entstanden die ersten Ozeandampfer, die im Linienverkehr Ziele in Mittelamerika ansteuerten. Die 1932 vom Stapel gelaufene »Normandie« galt als das eleganteste Schiff seiner Zeit, das erste mit mehr als 300 Metern Länge und zeitweise das schnellste, das den Atlantik überquerte. Doch diese glorreiche Epoche endete mit der Besetzung durch die deutsche Wehrmacht. Diese errichtete hier ab 1941 einen klotzigen U-Boot-Bunker, der zwei ganze im Atlantik manövrierende U-Boot-Flottillen aufnehmen konnte, sowie einen Schleusenbunker für einen gezeitenunabhängigen sicheren Liegeplatz. Vier bis fünf Meter dick waren die Dächer, zusätzlichen Schutz bildeten Betonfangroste, die die Bomben zur Explosion bringen sollten, bevor sie ihr eigentliches Ziel erreichten. Der Bunker, für den fast eine halbe Million Kubikmeter Stahlbeton verbaut wurde, blieb unversehrt, die umliegenden Stadtviertel wurden dagegen zu 85 Prozent zerstört. Nach dem Krieg war die große Zeit der Atlantik-Liner allerdings bald vorbei, die 1960 in Betrieb genommene »France« war die Letzte ihrer Art. Rechtzeitig schwenkte man auf den Bau von Kreuzfahrtschiffen um. Neben vielen anderen entstanden hier auf der Werft STX die

»Queen Mary 2«, die deutsche »Europa 2« sowie die 2018 fertiggestellte »Symphony of the Seas«, der weltweit größte Kreuzfahrer.

Friedliche Nutzung

Zwar versperrt der alte Bunker die Sicht auf das Wasser, doch statt eines überaus aufwändigen und langwierigen Abrisses entschied man sich für eine Nutzung der Anlagen zugunsten der Besucher der Stadt. Äußerlich im ursprünglichen Grau, auch die Wände zwischen den einzelnen U-Boot-Liegeplätzen nicht verschönert, zeigt sich der Bunker im Inneren mit einer überraschenden Erlebniswelt. »Escal'Atlantic« nennt sich dieser Rundgang mit viersprachigen Tafeln durch ein Labyrinth von Gängen, über mehrere Decks, zu den Kabinen und dem Maschinenraum eines Ozeandampfers. Deutlich sieht man, wie sich die Ausstattung über die verschiedenen Epochen hinweg veränderte und wie unterschiedlich die Passagiere reisten: die Erste Klasse steht mit Louis-Vuitton-Koffern und elegantem Mobiliar in starkem Kontrast zu den engen Räumlichkeiten, in denen die Aussiedler dicht zusammengepfercht waren. Im Speisesaal mit den Dimensionen des Spiegelsaals von Versailles – erklingt sanfte Musik, in der Bar klirren Eiswürfel, lauter und heißer ist es im Bauch des Schiffes, in dem die Maschinen stampfen. Überwiegend ist das Interieur dem Stil der Zeit nachempfunden, doch auch Originalstücke von der »Normandie« oder der »France« werden gezeigt. Vom Außendeck sieht man andere Schiffe und Eisberge vorüberziehen, Wellen und Wetter verändern sich ständig. Kleine intelligente Spiele und Quizfragen sorgen zusätzlich für das Verständnis der damaligen Epoche. Der Rundgang endet damit, dass die Besucher in einem Rettungsboot zu Wasser gelassen werden. Auch der Schleusenbunker kann besichtigt werden, hier liegt heute das französische U-Boot »Espadon«. Eine beängstigende Enge – und das damals wochenlang auf hoher See … Das Dach des Bunkers ist frei zugänglich, der Blick schweift über Werft und Stadt und die im Rahmen des Kunstparcours »Estuaire« erschaffene Installation roter Dreiecke auf den umliegenden Dächern sowie den künstlerischen Garten »Le Jardin du Tiers-Paysage«. Wer noch nicht müde ist: Auch die Werft und das Airbus Werk bieten Besichtigungen an. Auf eine international bekannte Persönlichkeit trifft man bei einem Stadtrundgang: den Reporter Tim, der in Frankreich Tintin heißt. Saint-Nazaire ist Schauplatz im Tim-und-Struppi-Band »Die 7 Kristallkugeln«, sechs vergrößerte Bilder zeigen Szenen aus diesem Band.

AUF DEN SPUREN TATIS

Einer der schönsten Strände der Region liegt im Stadtteil Saint-Marc sur Mer. Er heißt ganz offiziell »Strand von Monsieur Hulot«, denn hier wurde 1951 der Film »Die Ferien des Monsieur Hulot« von und mit Jacques Tati gedreht. Der biedere Kleinbürger Hulot reist in einem uralten Auto an und versucht, in seinem Hotel Bekanntschaften zu schließen, unter anderem mit der jungen, von ihm angebeteten Martine. Doch durch seine schusselige Art macht er alles zunichte und stürzt das Hotel in ein wahres Chaos. Dieser Film gilt heute als eine Perle des Slapstick. Eine Bronzestatue der Filmfigur, geschaffen vom Bildhauer Emmanuel Debarre, lehnt sich über ein Geländer und wacht über ihren Strand. Die Pfeife in Hulots Hand fand schon kurze Zeit nach der Aufstellung der Statue einen unbekannten Liebhaber.

WEITERE INFORMATIONEN:

M. Hulot verbrachte seine Ferien im **Hôtel de la Plage**, das heute noch existiert: 37 Rue du Commandant-Charcot,
Tel. 02 40 91 99 01 (Hotel),
Tel. 02 40 91 76 17 (Restaurant),
www.hotel-delaplage.fr

Die gewaltigen Bögen des Kirchenschiffs in der Kathedrale
Saint-Pierre-et-Saint-Paul erreichen eine Höhe von 37 Metern

Symmetrisch angeordnet: die Place Royal mit gewaltigem Springbrunnen – eine königliche Statue stand hier allerdings nie (links). Kaum zu glauben, aber in der prächtigen Passage Pommeraye befindet sich ein Einkaufszentrum (rechts).

40 Junge Stadt an der Loire – Nantes

Niedergang und neuer Aufschwung

Kulturell dynamisch – so stellt sich Nantes heute dar. In der Universitätsstadt mit ihren 55 000 Studenten pulsiert das Leben. Die früheren Fabriken und Lagerhäuser werden heute kreativ genutzt und haben Nantes zu einem Nonplusultra für Fans junger und unkonventioneller Kunst werden lassen. Doch auch das Erbe vergangener Jahrhunderte ist keinesfalls vergessen.

Im berühmten Edikt von Nantes gestand Henri IV. 1598 den Protestanten religiöse Toleranz und volle Bürgerrechte zu, wenngleich dies 1685 von König Ludwig XIV. widerrufen wurde. Weniger bekannt ist die Rolle der Stadt im Sklavenhandel. Ende des 17. Jahrhunderts war Nantes Teil des schmutzigen interkontinentalen Dreieckshandels: Von Europa aus exportierten Händler Waren nach Westafrika, von dort wurden Sklaven in die Karibik verschleppt und verkauft, um mit den Erlösen Zucker, Tabak und Baumwolle zu erwerben und diese Waren nach Europa zu bringen. Aber auch mit Schiffbau und dem Handel mit Salz und Loire-Weinen gelangte Nantes zu Reichtum.

Kunst in der Keksfabrik

Nantes war bis 1941 noch Hauptstadt der Bretagne, heute ist es Regierungssitz der Region Pays de la Loire. Nach Werftenschließungen und hoher Arbeitslosigkeit begann der erneute Aufschwung der Stadt Ende des vergangenen Jahrhunderts – ein Symbol dieser Epoche ist der Büroturm Tour Bretagne. Dort kann man in der Bar »Le Nid« im 32. Stock den 360-Grad-Panoramablick über Stadt und Fluss genießen. Alte Gebäude erhielten neues Leben, wie die frühere Tabakmanufaktur, die heute Bibliothek, Tanzsaal und Kindergarten beherbergt, oder die bekannte Keksfabrik LU (Lefèvre-Utile) mit dem auffälligen Turm, die

LES POULETTES
GALERIE DE L'HORLOGE
LES OPTICIENS
PARFUMERIE
LE GRAND

Alte Gemäuer mit modernem Museum: Schloss der Herzöge der Bretagne (links oben); Fachwerkhäuser und Cafés im munteren Quartier Bouffay (links unten); machtvoll stapft der Grand Éléphant über die Île de Nantes (rechts oben). Teuflisch laut: das »Hellfest in Clisson« (rechts unten).

jetzt unter dem Namen »Lieu Unique« wechselnden Kunstausstellungen mit freiem Eintritt Raum bietet.

Neustart auf der Île de Nantes

Das größte Projekt des damaligen Bürgermeisters Jean-Marc Ayrault, das die heutige Bürgermeisterin Johanna Rolland konsequent weiterführt, war die Umgestaltung der fünf Kilometer langen Insel Île de Nantes: Die Insel vor der Altstadt erhielt eine Radikalkur in Sachen urbanes Leben, Wohnen, Arbeiten und Genießen. Wo früher große Schiffe gebaut wurden, beeindrucken heute die spektakulären »Machines de l'Île« monumentale mechanische Installationen zum Ansehen und zum Mitmachen, zum Beispiel der zwölf Meter hohe und 40 Tonnen schwere »Große Elefant«, in dem 35 Personen Platz finden. Wenn sich dieser Koloss in Bewegung setzt, erleben die Passagiere den Mechanismus hautnah. Der Maschinist, der das Riesentier steuert, erklärt alles ganz genau. Auch die mechanische Spinne, in deren Hinterleib vier Besucher Platz finden, wird von einem Techniker zum Leben erweckt. Und im Karussell der Unterwasserwelten drehen sich seltsame Meeresgeschöpfe auf drei Ebenen. Die Konstrukteure Pierre Orefice und François Delarozière schaffen gemeinsam mit ihrem Team Jahr für Jahr neue Installationen. Das in Zukunft größte Projekt auf der Insel, der »Reiherbaum«, ist bereits in Teilen begehbar.
Jedes Gebäude auf der Île de Nantes trägt die Handschrift eines bekannten Architekten. Hinzu kommen Kunstwerke mit humorvollem Augenzwinkern, wie der Ping-Pong-Park mit aberwitzig konstruierten Tischtennisplatten oder der Basketballbaum mit Körben in unterschiedlichen Höhen. An die industrielle Vergangenheit erinnern zwei riesige Kräne, »der Gelbe« und »der Graue«. Und die Installation »Les Anneaux« besteht aus 18 großen Ringen am Ufer der Loire, die nachts rot, grün und blau leuchten.

Mächtige und Reiche

Das herzogliche Schloss im Stadtzentrum aus dem späten 15. Jahrhundert wurde im Auftrag des letzten Herzogs der Bretagne, François II., und dessen Tochter Anne, der späteren französischen Königin, erbaut. Heute ist es für alle durch eines seiner drei historischen Tore kostenlos zugänglich. Besucher können seine riesigen alten Räume mit Gewölben und Kaminen bewundern und sogar die Graffitis einstiger Gefangener bestaunen. Sehr sehenswert ist im Schloss das historische Stadtmuseum, für das allerdings Eintritt fällig ist. Mit knapp 1200 Exponaten in mehr als 30 Räumen präsentiert es die Geschichte von Nantes ab seinen frühesten

Anfängen. Behandelt werden unter anderem die Rolle der Stadt im Sklavenhandel und der Alltag der Bevölkerung während der Weltkriege. Draußen spiegelt sich das Schloss im großen flachen Wasserspiegel »Miroir d'Eau«, aus dem von Zeit zu Zeit auch Sprühnebel oder Wasserfontänen hervorschießen.
Nicht weit entfernt war die 1443 begonnene Kathedrale Saint-Pierre et Saint-Paul bis 1891 eine Dauerbaustelle. Zwei Türme besitzt die Fassade, die Säulen dahinter sind mit ihren 37,5 Metern höher als die von Notre-Dame in Paris. Im Altarraum befindet sich das Grab von François II.

Von Picasso bis Jules Verne

Picasso, Kandinsky, Sonia Delaunay, Max Ernst und viele mehr – moderne Kunst vom Feinsten zeigt das Kunstmuseum von Nantes, insgesamt rund 12 000 Werke. Im Bouffay-Viertel findet man neben den sonst vorherrschenden Gebäuden aus dem 18. und 19. Jahrhundert auch noch einige schmucke, gut restaurierte Fachwerkhäuser. Zentraler Treffpunkt hier ist die Place du Bouffay – in dieser Fußgängerzone kann man sich gut auf ein Glas niederlassen. Das Quartier Île Feydeau ist schon seit 1936 keine Insel mehr, denn damals wurden die Nebenarme der Loire, die sie umgaben, zugeschüttet. Vor allem in der gepflasterten Rue Kervégan zeugen herrschaftliche Tuffsteinhäuser vom Reichtum der früheren Reeder, die ihr Vermögen mit Sklavenhandel machten. An ihren schmuckvollen Fassaden prangen schmiedeeiserne Balkone und sogenannte Mascarons – fantastische Steinmasken, die von den Geistern des Meeres und des Windes inspiriert sind. An die Opfer der Sklaverei erinnert dagegen im Quartier Graslin ein Mahnmal, das auch zum Kampf gegen moderne Formen der Sklaverei aufruft. Es umfasst Gedenksteine und einen 90 Meter langen Gang unter dem Kai, der an die im Bauch der Schiffe zusammengepferchten Sklaven erinnern soll. Im selben Viertel liegt die prächtige Passage Pommeraye von 1843, ein weiteres Wahrzeichen der Stadt – das Einkaufszentrum, dessen gewaltiges dreistöckiges Treppenhaus mit Holzböden, schmiedeeisernen Geländern und einer Fülle von Büsten und Statuen ausgestattet ist. Eine Sünde wert ist hier die zauberhafte »Confiserie Georges Gautier« aus dem 19. Jahrhundert.
In diesem Süßwarentempel kaufte schon der in Nantes geborene Schriftsteller Jules Verne als Kind Mascarons Nantais, Schokopralinen mit Krokant.

BRETONISCH-TOSKANISCHE HÖLLE

Nach den Zerstörungen in der Französischen Revolution wurde das südöstlich von Nantes gelegene Clisson von dem Maler Pierre Cacault, dessen Bruder François und ihrem gemeinsamen Freund, dem Bildhauer François Lemot, ganz unbretonisch im toskanischen Stil wieder aufgebaut – seitdem trägt es den Spitznamen »Tivoli français«. Besucher bummeln mit Vergnügen durch die engen Gassen, die Markthalle mit dem Holzgebälk aus dem 15. Jahrhundert und zum Château, das Lemot damals erwarb und restaurierte. Er legte auch einen Park nach italienischem Vorbild an und schuf dafür eine Statue von Henri IV. Doch einmal im Jahr ist hier alles anders, denn dann ist, wie in der Region Nantes üblich, Stilbruch Programm. Weder bretonisch, noch toskanisch – einfach nur höllisch. Drei Tage im Juni steigt hier das »Hellfest«, das große Festival für Punk, Metal und Hardcore mit 160 Bands und mehr als 100 000 Besuchern.

WEITERE INFOS:

Nantes Tourisme, Tel. 02 72 64 04 79, www.nantes-tourisme.com

Côte d'Argent und Côte Basque

Schlösser und Surfer

Über dem Fischerhafen von Biarritz erhebt sich die mächtige Kathedrale der Stadt (links). Trautes Familienglück am Strand von Arcachon (rechts oben). Rustikale Brotspezialisten bietet diese Boulangerie in Bordeaux (rechts unten).

Die Türme Tour Saint-Nicolas und Tour de la Chaine bewachen die Hafeneinfahrt von La Rochelle (links). Vor dem großen Uhrturm mit seiner Tordurchfahrt steht die Statue des Admirals Duperré (rechts).

41 Freiheitsliebend und rebellisch – La Rochelle

Wohlhabend durch den Handel

Die einstige Hauptstadt des französischen Protestantismus hat die bewegten Jahrhunderte gut überstanden und sich zu einem beliebten Urlaubszielmit eindrucksvollen historischen Bauten, großem Yachthafen und quirligem Leben entwickelt. Die Strände entlang der Küste, das nahe gelegene Rochefort und die Austerngebiete von Marennes machen den Aufenthalt zu einem erholsamen und kulinarischen Vergnügen.

Nachdem Eleonore von Aquitanien 1199 La Rochelle das Stadtrecht verlieh, blühte in der von Adel oder Feudalherrschern unabhängigen Stadt der Handel auf. Wein und Salz wurden exportiert, Tuch und Wolle importiert. Später folgten Felle aus »Neufrankreich«, der heutigen kanadischen Provinz Québec, über die Antillen entwickelte sich der Sklavenhandel. Durch die Handelsbeziehungen mit Nordeuropa kam auch der Protestantismus in die Stadt. Anfangs verhielten sich Katholiken und Hugenotten, wie die französischen Protestanten genannt wurden, noch kooperativ. Doch der neue Glaube wurde bald von der herrschenden Kirche verfolgt, die Religionskriege (1562–1598) verwüsteten das Land. In La Rochelle, mittlerweile in protestantischer Hand, wurden 1565 mehrere katholische Priester ermordet und von der Tour de la Lanterne ins Meer geworfen. Das ließen sich die Katholiken nicht gefallen und belagerten die Stadt. Von den Festungen kippten die Bewohner heißes Öl und Teer auf die Angreifer. Und da englische Schiffe La Rochelle mit Lebensmitteln versorgten, musste die Belagerung abgebrochen werden. Durch das von Heinrich IV. im Jahr 1598 erlassene Edikt von Nantes kehrte Frieden ein. Doch die Ruhe hielt nicht lange vor: Unter der Führung von Kardinal Richelieu wurde die Stadt 1627 erneut belagert, ein riesiger, mit Kanonen bestückter Damm verhinderte eine Unterstützung von See her. Ausge-

Mastenwald im Yachthafen von La Rochelle (links oben); lebendige Gassen in der Altstadt (links unten); Blick auf den erhöhten Altar in der Kathedrale Saint-Louis, erbaut im 18. Jahrhundert. (rechts oben). Scharwachtürme zeugen noch von der einstigen Bedeutung von Brouage (rechts unten).

hungert ergab sich La Rochelle, rund 20 000 Einwohner hatten den Tod gefunden. Landesweit verfolgt, wanderten viele Hugenotten aus ganz Frankreich aus und gründeten im heutigen US-Bundesstaat New York die Stadt New Rochelle. Im französischen La Rochelle ging das einträgliche Handelsleben weiter. Selbst im Zweiten Weltkrieg blieb die Stadt unversehrt, da den deutschen Besatzern zugesichert worden war, sie nicht anzugreifen.

Dem Meer zugewandt

Der Überseehandel hat heute seine Bedeutung eingebüßt, doch das Meer spielt in La Rochelle immer noch eine große Rolle. Der Fischereihafen ist der viertgrößte, der Yachthafen sogar der größte in Frankreich. Und nicht von ungefähr ist eine der größten Attraktionen der jüngeren Zeit das Aquarium mit Meeresfischen aus aller Welt. In insgesamt 65 Becken, attraktiv und naturnah angelegt, sind Fische der Nordmeere ebenso zu bewundern wie Korallen und Südseefische. Große Haie schwimmen in einem riesigen Becken, das sich über drei Stockwerke erstreckt. Die Einfahrt zum Alten Hafen ist beeindruckend: Rechter Hand erhebt sich der 42 Meter hohe, leicht schräge Festungsturm Tour Saint-Nicolas aus dem 14. Jahrhundert, den man besteigen kann. Auf der anderen Seite der Hafeneinfahrt steht ein kleinerer Turm, der früher als Pulvermagazin diente. Nach der Kette, mit der er nachts mit seinem Gegenüber verbunden wurde, heißt er Tour de la Chaîne. Eine kurze Straße führt auf der mittelalterlichen Befestigungsmauer zur Tour de la Lanterne, einst Festungs-, Leucht- und Kerkerturm.

Faszination Altstadt

Der Uhrturm, die Porte de la Grosse Horloge, bildet vom Hafen aus den Eingang zur Altstadt. Er gehörte einst zur Befestigung, die Kuppel mit Glocke und Uhren erhielt er erst später. Bedeutendstes Bauwerk der Altstadt ist das im Renaissancestil erbaute Rathaus. Am 28. Juni 2013 wurde der Bau durch einen Brand stark beschädigt, der Termin der Wiedereröffnung ist noch offen. Rundum gefallen in der ganzen Altstadt diverse Häuser aus dem 16. und 17. Jahrhundert, Arkadengänge und besonders in der Rue des Merciers viele gut erhaltene Fachwerkhäuser. Fangfrischen Fisch und eine große Gemüseauswahl bietet die Markthalle mit ihrer sehr hübschen Eingangsfassade. Im Saint-Nicolas-Viertel, ehemals von Fischern und Seeleuten bewohnt, finden heute mehrfach wöchentlich Trödel- und Antikmärkte statt, und man entdeckt Kunstgalerien und Buchhändler sowie die letzte handwerkliche Metzgerei der Stadt. Neben Rabelais fühlten sich hier auch Guy de Maupassant und vor allem Georges Simenon wohl. Letzterer schlug

im »Café de la Paix« in der Rue Chaudrier Nr. 54 sein Hauptquartier auf, einer der ältesten Brasserien Frankreichs. In derselben Straße hat auch die Kathedrale Saint-Louis ihren Platz, ein strenges Bauwerk mit Votivmalereien von Seeleuten. Allein für den Besuch der Museen der Stadt wären mehrere Tage erforderlich. Genannt seien hier nur das Museum der Neuen Welt mit Kolonialismus und Sklavenhandel als Themen, das auch für Kinder interessante naturgeschichtliche Museum, das Museum der schönen Künste, und der Bunker von La Rochelle, wo unter anderem die Bar der deutschen Besatzungsoffiziere gezeigt wird.

Von Kanonen und Austern

Auch Châtelaillon südlich von La Rochelle bietet Badefreuden und zu Ostern ein Drachenfestival am Strand. Im benachbarten Naturpark Marais d'Yves werden diverse Touren angeboten, um das Sumpfgebiet mit Fahrrad oder Kajak zu erkunden. Die Sandstrände von Fouras begeistern die Sonnenanbeter. Das dortige Fort Vauban war Teil der Küstenbefestigung und enthält ein Museum zur Regionalgeschichte. Von hier aus legen die Fährschiffe Richtung Île d'Aix ab. Als Schutz vor Angriffen der englischen Marine ließ Jean-Baptiste Colbert, Finanzminister unter Ludwig XIV., Rochefort zum Militärhafen ausbauen. Aus dieser Zeit stammt das Marinearsenal mit seinem Musée national de la Marine und die königliche Seilerei *(corderie)*. Die derzeit größte Attraktion ist der Dreimaster »L'Hermione«, ein Nachbau der legendären »Frégate de 12«, deren Name sich auf die zwölfpfündigen Kugeln ihrer Kanonen bezog. Mit ihr segelte der Marquis de La Fayette 1780 über den Atlantik, um sich den aufständischen Amerikanern im Kampf für ihre Unabhängigkeit anzuschließen. Nach 17 Jahren Bauzeit überquerte auch »L'Hermione« im Sommer 2015 den Ozean. Im faszinierenden Haus des Reiseschriftstellers Pierre Loti entführte ein Rundgang in alle Welt. Nach der Renovierung steht das Datum der Wiedereröffnung noch nicht fest. Von großer ökonomischer Bedeutung war früher die 176 Meter lange, eiserne Schwebefähre Pont Transbordeur de Rochefort, ermöglichte sie doch die Überquerung der Charente. Heute ist sie als Letzte ihrer Art in ganz Frankreich eine Touristenattraktion und ein beeindruckendes Transportmittel für Fußgänger und Radfahrer. Weiter südlich, gegenüber der Île d'Oléron, liegen in der Mündung der Seudre die Austernparks von Marennes. Im Hafen von Cayenne bieten die Züchter ihre Produkte in knallbunten Hütten zur Degustation an.

FRANKREICHS SCHÖNSTER HAFEN

Kaum vorstellbar, welch exzellenten Ruf Brouage im 17. Jahrhundert als Hafenstadt genoss. Im Mittelalter war sie die Salzmetropole Europas, später mit dem von Richelieu befohlenen Bau der Zitadelle die stärkste Festung an der Atlantikküste. Ihre Scharwachttürme oder *échauguettes*, die einst die Wachtposten schützen sollten, prägen noch heute das Bild der Anlage. Aus Brouage stammte Samuel de Champlain, der spätere Gründer von Québec. Der Niedergang der Stadt begann, als sich das Wasser zurückzog. Brouage lag in der Folge weitab von Meer inmitten einer Sumpflandschaft und verfiel zusehends. Heute hat der Ort nur noch 650 Einwohner, doch es gibt viel zu sehen: die alten Festungsanlagen, den früheren Eiskeller, die königliche Schmiede, die öffentlichen Latrinen mit ihrer für damalige Zeiten hochkomfortablen Wasserspülung und die Kirche Saint-Pierre aus dem Jahr 1608. Auf den benachbarten Salzwiesen leben Störche und etwa 150 weitere Vogelarten.

WEITERE INFORMATIONEN:

Übernachtung und Essen: **Hôtel-Restaurant Le Brouage,** Tel. 05 46 85 03 06, www.le-brouage.com, Infos: **Office de Tourisme,** Tel. 05 46 85 19 16

42 Perlen der Charente - Île de Ré und Île d'Oléron

Die Weiße und die Leuchtende

Hochhäuser findet man zum Glück auf den Inseln keine. Die flachen Häuser auf Ré zeigen sich mit weiß gekalkten Fassaden, überwuchert von Stockrosen. Strände mit hellen Sanddünen und dazu ein gut ausgebautes Fahrradnetz machen die Insel zu einem Ferienparadies. Oléron präsentiert sich bunter, blumenreich und mit farbenfrohen Künstlerhütten. Nicht zu vergessen sind die kleine autofreie Île d'Aix und die Meeresfestung Fort Boyard.

Farbenfrohe Fischerhütten am Port des Salines auf der Île d'Oleron (links). Aus dem 12. Jahrhundert stammt das ehemalige Zisterzienserkloster Notre-Dame de Ré, genannt »Les Châteliers«, auf der Île de Ré, von der heute nur noch eine Ruine übrig ist (rechts oben). Gleich zwei Leuchttürme bietet die Île d´Aix (rechts unten).

Die Île de Ré besteht aus vier kleinen Kalkinseln, die im Laufe der Zeit zusammengewachsen sind. So ist sie zwar 30 Kilometer lang, aber an den Nahtstellen nur etwa 100 Meter breit. Besucher erreichen die Insel über ein mautpflichtiges Viadukt. Als wichtigster Ort gilt Saint-Martin-de-Ré im Süden mit seinen von Vauban entworfenen Befestigungsanlagen. Alle Werke dieses Baumeisters von Ludwig XIV. gehören zum Weltkulturerbe der UNESCO. Die Zitadelle diente einst als Gefängnis, unter anderem für den zu Unrecht verurteilten jüdischen Offizier Alfred Dreyfus, und ist nicht zu besichtigen. Kurios ist der Parc de la Barbette, in dem Esel in karierten Hosen zu sehen sind, die sie früher in den Feuchtgebieten als Schutz gegen Mücken und Schneidegras trugen. Sehenswert sind die Fachwerkhäuser rund um die Place Anatole-France sowie das Museum Ernest-Cognacq zur Inselgeschichte der Insel. Wer gut zu Fuß ist, besteigt den Turm der Kirche Saint-Martin und

genießt den Blick über Ré. In der Nähe liegt der Ort La Flotte mit seinem munteren Nachtleben und die Reste der Zisterzienserabtei Les Châteliers. Die Fahrt führt an Weinbergen entlang, die Strände an der Westküste in Sichtweite. Beim Ort Loix findet man die Austernbänke der Insel, das Naturschutzgebiet Lilleau des Niges und das Écomusée du Marais Salant, wo der Prozess der Salzgewinnung bestaunt werden kann. Schickster Ort der Insel ist Arsen-Ré, wo viele Pariser ihren Zweitwohnsitz haben. Mehr als 40 Meter ragt der spitze schwarz-weiße Turm der überwiegend gotischen Kirche Saint-Étienne empor, einst ein Orientierungspunkt für die Seeleute. Den nördlichsten Punkt der Insel markiert der Leuchtturm der Wale. Nach 257 Stufen hat man die Plattform erreicht und genießt einen phänomenalen Rundblick.

Fische, Salz und Austern

Oléron ist nach Korsika die größte Insel Kontinentalfrankreichs und über eine kostenlose Brücke zu erreichen. An einigen Stränden findet man noch Überreste des Atlantikwalls, den die deutsche Wehrmacht 1940 errichtete. Der Süden wird beherrscht durch den Wald von Saint-Trojan und die Strände Grande Plage und Plage de Gatseau. Für Kinder ein Muss: die Schmalspurbahn zwischen Saint-Trojan und der äußersten südlichen Spitze der Pointe de Gatseau. Der charmante Ort Le Grand Village Plage besitzt außer seinem Strand die noch aktiven Salinen sowie Austernklärbecken *(claires)*. Die einstigen Hütten der Austernfischer leuchten heute in knalligen Farben und beherbergen das Écomusée und Künstlerateliers. Die benachbarte Festung Château d'Oléron aus dem 17. Jahrhundert ist nach den Bombenangriffen 1945 nur noch eine Ruine. Die Mitte der Insel wird beherrscht von einem Feuchtgebiet, in dem sich die Zugvögel niederlassen. Der größte Fischereihafen der gesamten Region ist La Cotinière, von wo etwa 100 Schiffe zum Fang auslaufen. Spannend die Auktion des frischen Fangs – ein Besuch der *Criée* mit Degustation ist sehr zu empfehlen. An der Spitze der Insel bietet der Leuchtturm Phare de Chassiron einen herrlichen Blick aus 46 Metern Höhe. Der Nordosten von Oléron ist geprägt durch die Austernbänke von Fort Royer.

MIT DER KUTSCHE ZUM KAMEL

In Boyardville, im Nordosten der Île d'Oléron, geht die Fähre zur kleinen Île d'Aix ab. Die halbstündige Schiffstour führt vorbei an Fort Boyard, einem hohen ovalen Betonklotz im Meer, als Teil der Festungsanlagen schon überflüssig geworden, als es fertiggestellt war. Es ist Schauplatz von Spielfilmen und einer TV-Reihe, aber nicht zu besichtigen. Für eine Rundfahrt auf der autofreien Insel Aix stehen Mietfahrräder zur Verfügung – oder auch eine Pferdekutsche. Als Napoleon nach der Niederlage von Waterloo in die Verbannung geschickt wurde, machte er hier Halt. In seinem Quartier, der Maison de l'Empéreur, sind die beiden Museen von Aix untergebracht, das napoleonische und das afrikanische. Dort ist unter anderem das ausgestopfte weiße Kamel des Kaisers aus seinem Afrikafeldzug zu sehen. Neben dem Tourismus leben die 250 Einwohner überwiegend vom Fischfang sowie der Muschel und Austernzucht.

WEITERE INFORMATIONEN:

Office de Tourisme, 6 Rue Gourgaud, Tel. 05 46 83 01 82, www.iledaix.fr

Château Cognac Baron Otard, seit 1797 Sitz der gleichnamigen Cognac-Destillerie (links); Verkostungen gehören bei jeder Brennereibesichtigung zum festen Programm (rechts unten). Cognac-Fässer entstehen komplett ohne Nägel und Schrauben (rechts oben).

43 Der Name ist Programm – Cognac

Im Herzen der Grande Champagne

Die von der Charente durchflossene Stadt zeigt sich wohlsituiert und elegant mit alten Bürgerhäusern, in ihrem grünen Umland erstrecken sich weite Weingärten. Der berühmte Weinbrand, der nach Cognac benannt ist, ist hier allgegenwärtig. Die prächtigsten Bauwerke der Stadt sind die Gebäude der großen Hersteller, und Besucher kommen in aller Regel vor allem seinetwegen.

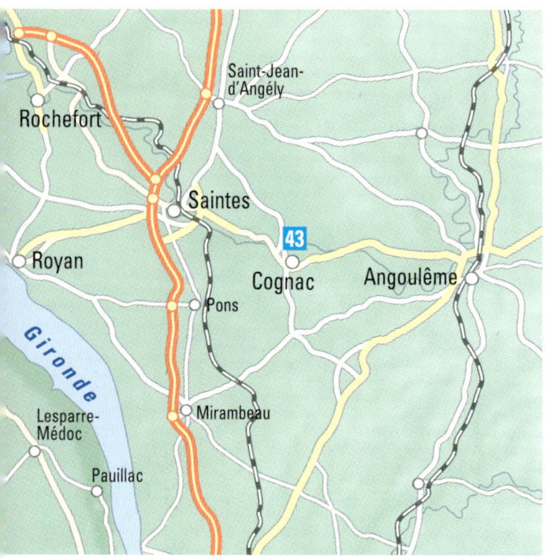

Die Region Cognac ist nach dem Bordelais das größte Weingebiet Frankreichs. Es erstreckt sich über die beiden Départements Charente und Charente-Maritime. Hauptsächlich wird Ugni blanc angebaut, in Italien bekannt als Trebbiano. Aus den Trauben werden zwar auch geringe Mengen Landwein produziert, vornehmlich wird aus ihnen jedoch Cognac gebrannt. Das Gebiet ist aufgeteilt in sechs Großlagen, mit der Grande und der Petite Champagne an der Qualitätsspitze. Brände von dort sind geeignet für eine lange Lagerung, während die Destillate aus den anderen vier Gebieten, die bis auf die Île de Ré reichen, frühzeitig trinkbar sind. Die Weine werden zweifach gebrannt, wobei Vor- und Nachlauf abgetrennt werden und nur das Herzstück verwendet wird. Bei der Lagerung in Eichenfässern entweichen etwa zwei Prozent Alkohol. Dieser »Anteil der Engel« ist für den schwarzen Pilz mitverantwortlich, der an den Wänden der Lagerhäuser gedeiht.

Ein verschlossenes Paradies

Ein Cognac ist in den meisten Fällen eine Cuvée aus Bränden verschiedenen Alters. Bei einem VS (Very Special) lagerte der jüngste Anteil mindestens zwei Jahre im Fass, bei einem VSOP (Very Superior Old Pale) mindestens vier und bei einem XO (auch Napoléon oder Hors

d'age) seit April 2018 mindestens zehn Jahre. Die großen Häuser bieten außerdem Editionen uralter Brände in wertvollen Flakons, wie den »Richard« von Hennessy oder den »Louis XIII.« von Rémy Martin.

Von den besten Bränden lagern die Kellermeister stets einige Flaschen in einem fest verschlossenen Raum. In diesen »Paradiesen« finden sich teils noch kostbare Destillate aus dem 18. Jahrhundert. Etwa 500 Winzer brennen ihren eigenen Cognac, während die anderen 6000 Weinbauern ihren gekelterten Weißwein an die großen Häuser zum Destillieren verkaufen. Die großen Vier – Hennessy, Martell, Rémy Martin und Courvoisier – vereinen 80 Prozent der Produktion auf sich. Eine Spezialität der Region ist der Pineau des Charentes. Er wird aus Cognac und unfermentiertem Traubenmost hergestellt und überwiegend als Aperitif getrunken.

Lukrative Geschäfte

Dass mit Cognac viel Geld verdient wird, zeigen die Häuser der großen Hersteller. Heute gehören sie meist zu internationalen Konzernen, die von dem irischen Offizier Richard Hennessy begründete Destillerie beispielsweise zum Luxus-Imperium LVMH. Ihr Gebäude am Ufer der Charente kann – wie die Häuser anderer Firmen auch – besichtigt werden. Die Tour umfasst zudem eine Bootsfahrt zu den Kellern auf der anderen Seite des Flusses und die anschließende Degustation. Die imposante Maison Rémy Martin beeindruckt mit einem von Gustave Eiffel konstruierten Trakt. Die Produktion findet heute jedoch außerhalb von Cognac in Merpins statt, das Anwesen kann mit einem kleinen Zug erkundet werden. Das prächtige Château de Cognac Baron Otard aus dem 13. bis 16. Jahrhundert wurde einst von einer schottischen Familie als Destillerie betrieben. Das ältestes Cognac-Haus ist der 1715 erbaute Sitz der Brennerei Martell, deren Gründerfamilie von der Insel Jersey stammte. Sehenswert ist auch das Musée des Arts du Cognac, in dem zum Beispiel die Aromen des Brands erschnüffelt werden können. Seit 2018 besitzt Cognac ein Fünf-Sterne-Hotel, das in den alten Kellergebäuden von Cognac Monnet residiert.

Einen Besuch lohnen in der Stadt außerdem die Kirche Saint-Léger mit ihrem hohen romanischen Glockenturm, der große Park am Rathaus und das Museum für Kunst und Geschichte. In der Umgebung locken die Abtei von Châtre, die wunderhübschen Gärten Le Chaigne in Touzac sowie Segonzac. Als erste Gemeinde Frankreichs erhielt es von der Organisation Slow Food die Auszeichnung »Citta-Slow« für besonders hohe Lebensqualität.

DIE KUNST DER KÜFER

Die Region Cognac ist auch ein Produktionszentrum von Eichenfässern. Hier arbeiten einige der berühmtesten Küfereien *(tonnelleries)*, wie zum Beispiel Taransaud und Seguin Moraud. Zwei bis fünf Jahre lagert das Holz aus dem Allier oder den Wäldern des Tronçais in Mittelfrankreich unter freiem Himmel, bevor es in Faserrichtung gespalten wird. Die einzelnen Dauben werden zusammengestellt, über einem kleinen Feuer erwärmt und mit Wasser besprengt, um sie dann zu biegen. Dabei werden die Dauben durch Eisenreifen zusammengehalten und mit einem Hammer in die gewünschte Form gebracht. Die Verarbeitung erfolgt ganz ohne Nägel und Schrauben – eine faszinierende Kunst. Danach werden die Fässer je nach Wunsch der Kunden unterschiedlich intensiv ausgebrannt – getoastet –, um einen optimalen Austausch der Aromen von Holz und Cognac oder Wein zu gewährleisten.

WEITERE INFORMATIONEN

Über Besichtigungen gibt Auskunft: **Office de Tourisme**, Tel. 05 45 82 10 71, www.tourism-cognac.com, oder **Cognac Tasting Tour**, Tel. 05 45 80 80 38, www.cognac-tasting-tour.fr

44 Rund um die Hauptstadt des Weins – das Bordelais

In der Heimat kraftvoller eleganter Tropfen

Viele der größten Rotweine der Welt stammen aus der Region Bordeaux, denn hier begünstigen außergewöhnliche Böden und das atlantische Klima die Entstehung grandioser Tropfen. Die Preise für die am höchsten bewerteten Spitzenweine sind mittlerweile zwar ins Unermessliche gestiegen, dennoch findet man stets auch Rote, Weiße und Süßweine, die für weitaus weniger Geld Hochgenuss versprechen.

Die Geschichte des Bordeaux-Weins begann im Jahr 1660 mit dem Weingut Haut-Brion, das dem damaligen Bürgermeister gehörte. Da er die Trauben länger als üblich auf der Maische stehen ließ, geriet der Wein dunkler und hatte einen ungewohnten Geschmack mit deutlichen Tanninen. Rasch wurde er in London, damals die Metropole der Weingenießer, zum begehrten Objekt der Begierde. Der Weinanbau rund um Bordeaux florierte und der Export erstarkte. Selbst der US-amerikanische Präsident Thomas Jefferson ließ sich Bordeaux-Wein ins Weiße Haus schicken.

Das gemäßigte Klima in Bordeaux – deutlich kühler als in den Mittelmeerregionen – ist für erhebliche Jahrgangsunterschiede verantwortlich. Zwar sorgen die Pinienwälder für Schutz vor allzu kalten Winden, doch gerade die spät reifende Rebsorte Cabernet Sauvignon braucht einen langen warmen Herbst, um die nötigen Zuckerwerte zu erreichen. Die Böden der Region sind sehr unterschiedlich und insgesamt wenig fruchtbar. Das ist gut für den Wein, denn nicht so üppige Reben bringen zwar weniger Quantität, aber mehr Qualität. Aus dem gleichen Grund werden extrem viele Reben

Das Château Lafite Rothschild in Pauillac gehört zu den berühmtesten Weingütern der Welt (links); Traubenernte vor dem international bekannten Château Haut-Brion in Pessac (rechts oben); beim Bordeaux-Marathon durch die Weinfelder steht der Spaß im Vordergrund (rechts unten).

pro Hektar angepflanzt, im Schnitt 10 000, damit die einzelnen Stöcke miteinander um Nahrung konkurrieren, tief wurzeln und nur wenige Trauben pro Rebstock hervorbringen.

Aromen zum Träumen

Ein Bordeaux ist eine Assemblage aus verschiedenen Rebsorten. Welche Sorten angebaut und eingesetzt werden, hängt vom jeweiligen Boden und Mikroklima ab. Auf dem linken Ufer bildet Cabernet Sauvignon die Basis aller Weine, hinzu kommen Cabernet Franc und Merlot sowie seltener etwas Petit Verdot. Auf der rechten Seite dominiert Merlot, dazu kommt Cabernet Franc, während Cabernet Sauvignon hier nur die dritte Geige spielt. Weißweine, die überwiegend aus dem zwischen den Flüssen gelegenen Gebiet Entre-deux-Mers stammen, bestehen aus den Sorten Sauvignon Blanc, Sémillon und Muscadelle. Bei den edelsüßen Weinen wird meist auf Muscadelle verzichtet. Die Aromen der Rebsorten fallen je nach Lage unterschiedlich aus. Doch meist erinnert ein Cabernet Sauvignon an schwarze Johannisbeeren, grüne Paprika, Minze und Zedernholz. Merlot dagegen duftet in der Regel süß, nach dunklen Kirschen und Pflaumen, Cabernet Franc weist kräuterwürzige Aromen auf.

Bei der Pariser Weltausstellung von 1855 wurden die Weine einiger Appellationen klassifiziert. Im Médoc bilden folgende Châteaux die Spitze als Premiers Crus Classés: Lafite-Rothschild, Margaux, Latour, Haut-Brion, Mouton Rothschild. Im Süßweingebiet Sauternes erhielt Château d'Yquem den Status eines Grand Premier Cru. Bis auf den 1973 hochgestuften Mouton Rothschild ist diese Klassifikation seitdem unverändert. In Saint-Émilion existiert erst seit 1955 eine eigene Rangordnung, die etwa alle zehn Jahre überprüft wird. Als Premiers Grands Crus Classés A sind hier Châteaux Ausone und Cheval Blanc eingestuft. In Pomerol, Heimat des weltberühmten Pétrus, existiert wie in den anderen etwa 50 Appellationen keine Klassifikation.

Mehr als 6000 Châteaux gibt es im Bordelais, die sich jedoch nur »Château« nennen dürfen, wenn sie nur Qualitätsweine, aber keine Tafel- oder Landweine herstellen. Besuchen kann man die berühmtesten Châteaux – wenn überhaupt – nur nach Voranmeldung, die Winzer unbekannterer Güter freuen sich auch über spontane Besucher.

DIE LÄNGSTE WEINPROBE DER WELT

Eigentlich ist es ein Marathon, und unter den rund 8000 Teilnehmern befinden sich auch etliche Spitzensportler. Doch für die meisten, die alljährlich im September bunt kostümiert an den Start gehen, steht bei diesem Laufkarneval, dem Marathon du Médoc, der Spaß im Vordergrund. Die Strecke führt ab dem Start auf der Uferpromenade von Pauillac über Straßen und Wirtschaftswege, vorbei an berühmten Weingütern wie Château Lafite oder Château Mouton Rothschild. Überall wird für die Läufer Rotwein in Gläsern ausgeschenkt, auch frisch geöffnete Austern liegen zur Stärkung bereit. Zudem heizen mehr als 50 Bands die Stimmung noch weiter an. Beachtlich viele Teilnehmer erreichen trotz ständigen Probierens unter dem Jubel der fröhlichen Zuschauer tatsächlich das Ziel, wieder in Pauillac. Die Sieger bekommen Weine als Prämien.

WEITERE INFORMATIONEN

Weitere Infos: **Médoc Marathon Office**, Tel. 0033-556 59 17 20, www.marathondumedoc.com

Mit ihren 17 mächtigen Bögen überspannt der Pont de Pierre die Garonne (links). Die hübschen Türmchen dürfen nicht täuschen: Die Porte Cailhau aus dem 15. Jahrhundert wurde zur Verteidigung der Stadt gebaut (rechts).

45 Reichtum am Wasser – Bordeaux

Aushängeschild des Bürgertums

Die Stadt an der Garonne ist reich an repräsentativen Bauten und kann auf ein bedeutendes kulturelles Erbe zurück blicken. Museen, Kirchen und Theater bieten vielerlei Möglichkeiten für Rundgänge, Besichtigungen und Konzerte. In Bordeaux, Sinnbild für französische Spitzenweine, lässt sich vorzüglich speisen, aber auch ausgiebig feiern und nach Herzenslust shoppen.

Auf dem heutigen Stadtgebiet existierte bereits vor unserer Zeitrechnung eine Siedlung. Im Laufe der Jahrhunderte kamen und gingen Besatzer und Herrscher, bis Eleonore von Aquitanien den späteren englischen König Heinrich II. Plantagenet heiratete und Bordeaux zu England kam. Erst nach dem Ende des Hundertjährigen Krieges fiel die Stadt 1453 an Frankreich, behielt aber viele ihrer Handelsprivilegien und konnte so ihren Wohlstand bewahren. Über die Garonne fuhren die Schiffe mit Bordelaiser Wein vor allem nach England, von Bordeaux aus blühte aber auch der Sklavenhandel in einem Dreiecksgeschäft mit Afrika und den Antillen. Diesem düsteren Kapitel widmet sich das historische Musée d'Aquitaine – gegen den anfänglichen Widerstand einiger Familien, deren Vorfahren von dem schmutzigen Geschäft profitierten. Bordeaux liebt die Beständigkeit: Bürgermeister Jacques Chaban-Delmas war von 1947 bis 1995 im Amt, sein Nachfolger Alain Juppé ist es nun auch schon seit mehr als 20 Jahren. Beständigkeit bedeutet nicht Stillstand: Eine Tram wurde gebaut, Fußgängerzonen geschaffen, das frühere Speicherviertel Chartrons umgestaltet und neue Attraktionen wie die Cité du Vin entstanden. Vom Wohlstand der Handelsmetropole zeugen die mächtigen bourgeoisen Häuser der Innenstadt, deren Fassaden häufig

Porte Cailhau
CAVE A VINS

An wirbelnden Wein beim Schwenken des Glases soll die spektakuläre Form der Cité du Vin erinnern (links oben). Rundes auch im Innern: Die Riesenflaschen enthalten interaktive Weininfos (links unten). Die Kirche Saint-Pierre verlieh dem munteren Viertel drum herum ihren Namen (rechts oben). Von Reben umgeben: das mittelalterliche St-Émilion (rechts unten).

»Mascarons« genannte Fabelwesen und mythologische Figuren zieren.

Lebendig und luxuriös

Lange Zeit überspannte der Pont de Pierre von 1822 als einzige Brücke die Garonne bei Bordeaux. Napoléon Bonaparte gab sie in Auftrag, und die 17 mächtigen Bögen entsprechen der Buchstabenzahl seines Namens. Sie führt auf die Porte de Bourgogne zu, die im 18. Jahrhundert im Stil eines römischen Triumphbogens erbaut wurde. Linkerhand liegt das bunte Viertel Saint-Michel mit dem arabischen Markt am Samstag, dem Trödelmarkt am Sonntag und der Markthalle Les Capucins. Weithin sichtbar sind die Basilika Saint-Michel aus dem 14. bis 16. Jahrhundert und ihr sechseckiger, frei stehender Turm – im Inneren des »Pfeils« *(flèche)* kann man in die unterirdische Krypta hinab- und auf die Panoramaterrasse hinaufsteigen. Südlich der schönen Synagoge von 1878 beginnt an der Place de la Victoire mit der Porte d'Aquitaine und der zeitgenössischen Säule des Bildhauers Ivan Theimer die Einkaufsstraße Rue Sainte-Catherine. Am anderen Ende dieser langen Fußgängerzone stößt man auf den luxuriösen »Triangle Bordelais«, das Straßendreieck Cours de l'Intendance, Georges Clémenceau und Allées de Tourny. In Letzterer lockt die traditionelle »Brasserie Le Noailles« zu einem Glas Wein.

In Saint-Pierre, dem ältesten Viertel, säumen Bars und Restaurants teils enge Gassen. Hier befinden sich das Rathaus im früheren Palais Rohan, das Museum der Schönen Künste, das Museum für dekorative Kunst und Design und die Kathedrale Saint-André mit dem freistehenden Turm Pey Berland. In der prächtigen Kirche wurden Eleonore von Aquitanien mit dem späteren König Ludwig VII. und Anna von Österreich mit König Ludwig XIII. getraut. Nicht verpassen sollte man den Besuch des angrenzenden Centre Jean Moulin zur Erinnerung an die Résistance.

Nicht weit entfernt lässt sich an der Dachterrassenbar des von Philippe Starck gestalteten Hotels »Mama Shelter« gut der frühe Abend genießen. Die Place Gambetta nördlich des Rathauses hatten sich einst die Jakobiner als Standort für ihre Guillotine auserkoren. An ihre Gegner erinnert das Girondisten-Denkmal auf der weiten Place des Quinconces - ein monumentaler Brunnen mit allegorischen Darstellungen und einer 43 Meter hohen Siegessäule, deren Abschluss eine bronzene Freiheitsstatue bildet. Sehenswert sind auch das Stadttor der »Grosse Cloche«, einer 7800 Kilogramm schweren Glocke, und die mit Türmchen verzierte Porte Cailhau an der Garonne. Sie wurde Ende des 15. Jahrhunderts zur Verteidigung der Stadt errichtet. In den Bars an der dortigen

Place du Palais trifft sich abends die Szene der Stadt, zur Zeit des Aperitifs ist kaum ein Platz zu ergattern. Versuchen sollte man es auf jeden Fall in der »Bar des vedettes – Chez Fred« mit Terrasse und einem eindrucksvollen Tresen im Stil der 1950er-Jahre.

Musik und Wein

Das prachtvolle Grand Théatre entstand in den Jahren 1773 bis 1780 und gehört zu den schönsten Opernhäusern der Welt. Architekt Victor Louis schuf einen klassizistischen Bau mit Säulen im antiken Stil, darüber auf der Balustrade die neun Musen und drei Grazien. Im Inneren hängt ein blitzender Lüster mit 14 000 Kristallen von der Decke. Auf der Place de la Comédie vor der Oper steht eine zeitgenössische Skulptur des katalanischen Künstlers Jaume Plensa, ein riesiger Frauenkopf aus oxidiertem Metall. Schräg gegenüber bietet der Bordeaux Weinverband (CIVB) Weinseminare und Workshops für jedermann. In dem Gebäude aus dem 18. Jahrhundert führt die »Bar à vin« des Verbands etwa 30 große Weine des Bordelais auf der Karte. Drei Restaurants der Stadt wurden mit je zwei Michelin-Sternen ausgezeichnet, neue Restaurants wie »Miles« oder »L'Exquis« sind auch nicht zu verachten. Tagsüber ist die süße Bordelaiser Spezialität Cannelé eine Sünde wert – kleine zylindrische Küchlein, außen karamellisiert und knusprig, innen weich, mit Vanille und Rum. Etwas Garonne-aufwärts erhebt sich der schwungvolle Bau der Cité du Vin – seine Form soll an Wein erinnern, der beim Schwenken im Glas wirbelt. Hier finden Ausstellungen, Verkostungen und Seminare mit renommierten Winzern statt. Zudem kann sich jeder mit allen Facetten des Weins und Weinbaus interaktiv beschäftigen, auch in deutscher Sprache.

An der beliebten Place de la Bourse stehen im Halbkreis die Prachtbauten von Zollmuseum und Handelskammer, den Mittelpunkt bildet der Springbrunnen der drei Grazien, der 1864 das in der Französischen Revolution zerstörte Reiterstandbild von Ludwig XV. ersetzte. Zwischen Platz und Garonne spiegelt die Oberfläche des Miroir d'Eau die elegante Fassade der Bauten wider. Der »Wasserspiegel« ist nur zwei Zentimeter tief, von Zeit zu Zeit schießt Sprühnebel aus Düsen hervor – die im Prinzip simple Anlage dient gleichermaßen zur Erfrischung, zum Spiel für die Kinder oder ist einfach nur toll anzuschauen.

LEBENDIGES MITTELALTER

Das für seine grandiosen Rotweine berühmte Saint-Émilion liegt rund 40 Kilometer östlich von Bordeaux. Es besitzt nicht einmal 2000 Einwohner, dafür aber eine Fülle an historischen Monumenten. Der Name des Orts geht zurück auf den Eremiten Émilion, der hier in einer Grotte hauste und meditierte. Vom gotischen Glockenturm des Städtchens reicht der Blick weit über Saint-Émilion und seine Weinberge, beides UNESCO-Welterbe. Der Turm gehört zur unterirdischen Felsenkirche, die aus einem einzigen Felsen herausgeschlagen wurde. 38 Meter lang und elf Meter hoch, ist sie die größte monolithische Kirche Europas. Mit einem Guide kann man auch die Katakomben, die Grotte des Eremiten und die Dreifaltigkeitskapelle besichtigen. Bei einem Rundgang durch die kleinen Gassen sollte man weder die mittelalterliche Burg mit ihrem mächtigen Wehrturm noch das Franziskanerkloster Les Cordeliers auslassen.

WEITERE INFORMATIONEN

Office de Tourisme, Tel. 05 57 55 28 28, www.saint-emilion-tourisme.com

Infos über Weinverkostungen und zu besichtigende Châteaux: **Syndicat Viticole de St-Émilion,** Tel. 05 57 55 50 50, www.vins-saint-emilion.com

Ein außerordentliches Ensemble bietet die Place de la Bourse:
Im Halbkreis angeordnet spiegeln sich Zollmuseum und
Handelskammer im Miroir d'Eau.

Der Leuchtturm von Cap Ferret bietet nach dem Aufstieg einen tollen Rundblick über Bucht und Ozean (links). Der Weg zum Strand ist kurz – wäre nicht die 105 Meter hohe Düne von Pilat im Weg (rechts unten). Von der Vogelinsel ragen bei Flut nur die Stelzenhütten *tchanquées* aus dem Wasser hervor (rechts oben).

46 Zwischen Wald und Meer – das Bassin d'Arcachon

Schwimmen und Schlürfen

Helle Sandstrände am Ozean mit der riesigen Düne von Pilat, ringsum Pinienwälder und mittendrin das Bassin d'Arcachon ... Die Lagune wird vom Meer und von Flüssen gespeist und bewegt sich im Rhythmus der Gezeiten. Zum leicht snobistischen Arcachon mit seinem mondänen Nachtleben bieten die Orte rund ums Bassin und die unübersehbaren Bänke der Austernfischer mit ihren Degustationsständen einen reizvollen Kontrast.

Cap Ferret besitzt eine von der Natur privilegierte Lage: Der Badeort liegt zwischen Ozean und Lagune an der Spitze einer 20 Kilometer langen schmalen Landzunge, die an beiden Seiten mit Stränden aufwartet. Zur Freude der Kleinen verbindet eine Bimmelbahn Meer und Bucht. Vom 57 Meter hohen Leuchtturm schweift der Blick über das Wasser, über die Düne von Pilat und die Stadt Arcachon.
Etwas weiter nördlich wurde im Ort L'Herbe vor etwa 150 Jahren die pittoreske Villa Algérienne im maurischen Stil errichtet. Heute existiert nur noch die Kapelle, deren Kuppel mit Kreuz und Halbmond geschmückt ist. Nicht weit entfernt belegen Austernparks eine 800 Hektar große Fläche. Durch die Gezeiten werden die Tiere ständig mit frischem Plankton versorgt, außerdem bieten ihnen Wasser und Klima ideale Bedingungen für die Fortpflanzung. An den bunten Hütten der Austernfischer sind viele Stände zur Verkostung aufgebaut. Jedes Jahr Mitte Juli findet ein großes Austernfest statt, die Fischer sind bei der Parade traditionell mit blauem Hemd und roter Hose gekleidet.
Die Réservoirs de Piraillan mit ihrer reichen Vogelwelt, vor allem vielen Fischreihern, können zu Fuß erkundet werden. Der muntere Nachbarort Ort Andernos-les-Bains mit seinen langen Stränden war bereits in der Prähistorie be-

siedelt. Hier sind in der Maison Louis David Objekte aus gallo-römischer Zeit ausgestellt, die in den Überresten einer Villa gefunden wurden. Einen herrlichen Blick über das ganze Bassin bietet die 232 Meter in die Bucht ragende Mole. Biganos an der südöstlichen Spitze ist bekannt für seinen Kaviar. Von hier aus führen Wanderwege durch das Delta des Flusses Leyre, der das Bassin mit Süßwasser versorgt, und zum Vogelnaturpark Le Teich. Gujan-Mestras ist das Austernzentrum der Bucht und die Maison de l'Huître ein Muss für alle, die mehr über Geschichte, Aufzucht und Zubereitungsarten dieser schmackhaften Meeresfrucht erfahren möchten.

Kaiser Napoléon III. als Wegbereiter

Das Seebad Arcachon verdankt seine Entstehung der Eisenbahn, die seit 1857 bis zur heutigen Stadt führt. Bahnhof, Grand Hotel, das Kasino im maurischen Stil und elegante Villen entstanden unter der Leitung des Ingenieurs Paul Régnault, der von dem damals noch unbekannten, jungen Gustave Eiffel unterstützt wurde. Nach dem Besuch von Kaiser Napoléon III. strömte »tout Paris« nach Arcachon. Schon bald wurde das Sommerbad auch im Winter wegen seiner reinen balsamischen Luft frequentiert, so von Alexandre Dumas und Jean Cocteau. Die elegante »Sommerstadt« mit dem Kasino und vielen Restaurants erstreckt sich am Meer entlang. Hier liegt auch das Aquarium mit angeschlossenem Meeresmuseum, das die Tierwelt des Beckens von Arcachon und des nahen Ozeans präsentiert. Unweit der Mole Jetée de la Chapelle steht die Basilika Notre-Dame, deren Kapelle Votivbilder geretteter Seeleute schmücken. Westlich des Zentrums liegt die »Herbststadt« mit dem Yacht- und dem Fischereihafen. Das Nachtleben tobt vorwiegend in der »Frühlingsstadt« im östlichen Viertel Moulleau. Von hier erblickt man den Leuchtturm von Cap Ferret auf der anderen Seite der Bucht. Die etwas abseits vom Meer gelegene »Winterstadt« besitzt einen maurischen Park, das Observatorium Sainte-Cécile und mondäne Villen unterschiedlichen Baustils, die zwischen herrlichen Bäumen stehen. Zur Blütezeit machen Mimosen und Magnolien das Viertel zu einem farbenprächtigen Paradies.
Den strapaziösen, aber glücksbringenden Höhepunkt eines Aufenthalts in der Region Arcachon bildet die steile Düne von Pilat - hinauf geht es entweder direkt auf dem heißen Sand oder im nordöstlichen Teil über eine Treppe. Mit 2,5 Kilometer Länge, 500 Meter Breite und 105 Meter Höhe ist sie die größte Wanderdüne Europas. Von hier aus starten Gleitschirm- und Drachenflieger. Die meisten Besucher genießen allerdings nur die knallige Sonne und das grandiose Panorama.

SPIELBALL DER GEZEITEN

Die »Vogelinsel« Île aux Oiseaux liegt mitten im Becken von Arcachon und ist zwischen 300 und 1000 Hektar groß – je nachdem ob gerade Flut oder Ebbe herrscht. Trotz des Namens erwartet den Besucher keine reiche Vogelwelt, lediglich Brachvögel, Rotschenkel und Seeschwalben haben hier ihr Zuhause. Bei Ebbe tauchen niedrige Kiefern und Heidebüsche aus dem Schlick hervor, das Land ist durchzogen von Prielen und Tümpeln. Ein kleiner fester Pfad erlaubt einen kurzen Weg in diese faszinierende Urlandschaft. Bei Flut ragen nur die berühmten »Stelzenhütten« *(cabanes tchanquées)* aus dem Wasser hervor. Die Vogelinsel und ihre Umgebung kann man mit dem Motorboot erkunden, oder auf einer Pinasse. Diese schmalen farbenfrohen Boote gehören zum Bassin d'Arcachon wie die Gondeln zu Venedig. Aufgrund ihres geringen Tiefgangs können sie durch die flachsten Gewässer fahren und dienen auch den Austernfischern als Arbeitsboote.

WEITERE INFORMATIONEN

Bootsreservierung bei der **Union des Bateliers Arcachonnais**: Arcachon, 76 Boulevard de la Plage, Tel. 05 57 72 28 28, www.bateliers-arcachon.com

Ausgezeichnete Wasserqualität zeigt die Blaue Flagge am Strand von Mimizan-Plage an.

47 Strände und Wellen – Biscarosse und Mimizan

Küste der Abenteuer

Spaß für Wind- und Wellensurfer bietet die Küste Aquitaniens nahezu im Überfluss. Wem der Atlantik zu wild ist, kann in den Lagunen gemütlich baden und die Kleinen im Sand buddeln lassen.

Für Badeurlauber und Wassersportler ist die Küste ideal, zudem sind die Strände gut überwacht. Warnhinweisen sollte man allerdings unbedingt folgen, die Strömungen können äußerst tückisch sein. Aber auch an den beschaulicheren Binnenseen Étang de Cazaux et de Sanguinet, Étang de Biscarosse et de Parentis, am Lac d'Aureilhan und dem etwas weiter südlich gelegenen Étang de Léon findet man schattige Strände und das gesamte Wassersportangebot.

Für Erwachsene und Kinder gleichermaßen reizvoll sind das historische Museum für Wasserflugzeuge und das Musée des Traditions, das Bootsausflüge zur Entdeckung der Pflanzen- und Tierwelt anbietet.

Etwa 50 Kilometer landeinwärts widmet sich in Sabres das überaus interessante Écomusée de Marquèze den Traditionen der Region. Zu sehen ist unter anderem, wie früher Schäfer, mit Baskenmütze und in Schaffelle gehüllt, auf dem sumpfigen Terrain ihre Tiere auf Stelzen hüteten.

Mimizan besitzt mit seinem Glockenturm der Kirche Sainte-Marie aus dem 13. Jahrhundert ein UNESCO-Welterbe, an dem zudem der Jakobsweg vorbeiführt. Nur der Turm und die mit Wandmalereien aus dem 15. Jahrhundert verzierte Vorhalle der Kirche sind erhalten und im Rahmen einer Führung zu besichtigen. Im 15 Hektar großen Naturschutzgebiet »Les Pieds sur Terre« in Onesse-Laharie sind sowohl Nutztiere der Region als auch historische Maschinen sehen. Vom Étang de Léon verläuft der Courant d'Huchet bis zum Ozean. Auf einer Barke wird man durch eine eindrucksvolle Umwelt gerudert.

Info: www.marqueze.fr

Hossegor ist Austragungsort des Quiksilver-Pro-Surf-Wettbewerbs – die Bretter stehen schon bereit.

48 Hawaii in Europa – Hossegor und Capbreton

Surfermekka und Naturparadies

Aus aller Welt reisen die besten Surfer jedes Jahr im Oktober an, um vor der Küste von Hossegor und Capbreton ihren einzigen Weltmeisterschaftswettbewerb Frankreichs auszutragen – den Quiksilver Pro & Roxy Pro France.

Die Strandpromenaden stehen natürlich im Zeichen des Wassersports. Statt Hochhausbauten sieht man hier viele hübsche Villen im Stil der hiesigen Region, der Landes, in den sich baskische Elemente mischen – *basco-landais* nennen die Franzosen diesen Baustil. Der See von Hossegor mit den heutigen Stränden wurde auf Befehl Napoleons III. mit dem Meer verbunden, sein Wasserpegel ist daher gezeitenabhängig. Restaurants und Tanzbars wurden errichtet, von der hier einst bedeutenden Austernzucht existieren heute noch einige Bänke. Für Wanderer ideal ist die Rundtour um den 730 Hektar großen Étang de Soustons. Im 19. Jahrhundert wurde das frühere Sumpfgebiet trockengelegt und mit Pinien bepflanzt. Einige große Auenlandschaften blieben bestehen, reich an Vögeln wie Reiher, Schnepfen und dem großen Kormoran sowie Insekten und Schmetterlingen. Der kleine Étang Blanc ist mit dem Naturschutzgebiet des Étang Noir durch einen Kanal verbunden – ein Paradies für Angler. Eine halbe Stunde dauert der Fußmarsch auf Holzstegen durch unberührte Natur. Zwei Panoramaplattformen gewähren einen großartigen Rundumblick. Früher wurden in den Pinienwäldern Harz gewonnen, heute wird hier Holz geschlagen und verarbeitet.

Capbreton wird von Hossegor nur durch den Canal du Bourret getrennt. Einst ein bedeutender Hafen, besitzt es nach der Umleitung des Flusses Adour heute nur noch wenige Fischerboote. Mit der Réserve Naturelle du Marais d'Orx wartet es jedoch mit einem äußerst sehenswerten Naturschutzgebiet auf, das von 247 Zugvogelarten bevölkert wird. Am Eingang verschafft ein sieben Meter hoher Aussichtsturm den Besuchern einen grandiosen Überblick über das Sumpfgebiet.

Info: www.reserve-naturelle-marais-orx.fr

Abendstimmung an der Nive mit Fachwerkhäusern und den Markthallen im Vordergrund (links). Höhepunkt des Jahres: die Fêtes de Bayonne, traditionell in rot-weiß (rechts unten). Baskischer Volkssport ist Pelota, hier die Variante Cesta Punta (rechts oben).

49 Juwel im Baskenland – Bayonne

Schinken und Schokolade

Bayonne blickt auf eine bewegte Geschichte zurück, davon zeugen heute noch seine Befestigungsmauern und sein altes Schloss. Heute zeigt es sich Besuchern als muntere Stadt mit aufregenden Festen, ruhigen Fußgängerzonen und bunten Fachwerkhäusern. Hier erlebt man baskische Kultur und Gastfreundschaft und genießt Leckerbissen für Gourmands: Bayonner Schinken und feine Schokolade.

Als Eleonore von Aquitanien 1152 den englischen Thronfolger Henri II. Plantagenet heiratete, machte Bayonne im Hundertjährigen Krieg mit den Engländern gemeinsame Sache und prosperierte. Doch 1451 siegten die Franzosen, Bayonne wurde Teil ihres Königreichs, und den Bewohnern verging die Freude. Der Niedergang der Stadt wurde durch den Bau eines Kanals gestoppt, der den versandeten Fluss Adour zu seiner ursprünglichen Mündung in Bayonne umleitete und den Handel belebte. Gegen die militärische Bedrohung durch Spanien ließ Vauban, der legendäre Baumeister Ludwigs XV., im 17. Jahrhundert Festungsanlagen errichten, die die Stadt effektiv schützten. Nach dem erneuten Niedergang im Zuge der Napoleonischen Kriege veranlasste Kaiserin Eugénie den Bau eines Bahnhofs, der die Wirtschaft belebte und schließlich die ersten Touristen in die Stadt brachte.

Hauptstadt der Kunst und Geschichte

Am Zusammenfluss von Adour und Nive liegen die alten Stadtteile: Grand und Petit Bayonne im Süden des Adour, Ersterer westlich, Letzterer östlich der Nive, und das Viertel Saint-Esprit nördlich des Adour. Ein Bummel durch die Fußgängerzonen und kleinen Gassen von Grand Bayonne führt zur charmanten Rue du Port-Neuf mit ihren kleinen Geschäften. Die Läden unter den Arkaden locken unter anderem mit Leckereien der besten Chocolatiers der Stadt. Bayonnes Schokoladentraditon begründeten Anfang des 17. Jahrhunderts spanische und portugiesische Juden, in den Glanzzeiten produzierten hier 31 Fabrikanten ihre Köstlichkeiten. Heute sind es weitaus weniger, die Qualität ist jedoch nach wie vor vom Feinsten. Im Nordosten der Stadt bietet das »Atelier du Chocolat« einen duftenden Rundgang und natürlich eine Verkostung. Höhepunkt für Genießer sind die Schokoladentage am Himmelfahrtswochenende.

Das schönste Fachwerkhaus der Stadt steht im Herzen von Grand Bayonne an der Ecke Rue de la Monnaie und Rue Orbe. Weiter geht's zur Kathedrale Sainte-Marie aus dem 13. bis 16. Jahrhundert, ein strenger Bau im nordischen Stil mit hübschen Renaissance-Fenstern, und zum gotischen Kloster aus dem 13. und 14. Jahrhundert. Das Château-Vieux, ein Musterbeispiel mittelalterlicher Militärarchitektur, ist noch immer im Besitz der Armee und kann nicht besichtigt werden.

Das Viertel der Nationalisten

Die Graffitis und Wandmalereien in Petit Bayonne machen deutlich, dass hier viele überzeugte Basken zuhause sind. Neben der Pelota-Halle Saint-André zeigt hier das sehenswerte Musée Basque et de l'Histoire de Bayonne auf drei Etagen das Leben der Bauern und Schäfer, eine baskische Wohnung mit wunderbaren Wandteppichen und gewebten Vorhängen sowie Spiele, Sport, Musik und Tänze des Baskenlands. Das benachbarte Kunstmuseum Musée Bonnat-Helleu, das nach seiner Renovierung im Jahr 2019 wiedereröffnet werden wird, präsentiert Werke der namengebenden Künstler, aber auch Skizzen von Rubens sowie Arbeiten von Malern wie Degas, Delacroix, Rembrandt und Goya. Alles über den Schinken aus Bayonne erzählt und zeigt Pierre Ibaïalde in seinem »Atelier du Jambon«. Die traditionelle Delikatesse stammt aus einem genau festgelegten Gebiet rund um den Ort Orthez. Die Schweine werden neun Monate nur mit Getreide gefüttert, ihre Hinterschinken müssen nach der Schlachtung ein Jahr lang reifen. Zu Ostern findet alljährlich eine viertägige Schinkenmesse statt.

Petit Bayonne ist reich an Bars und Restaurants, abends tobt hier das Leben. Den Höhepunkt des Jahres bilden Ende Juli die fünftägigen Fêtes de Bayonne mit Konzerten, Tanz, Boule- und Pelotawettbewerben. Bei den Kuhspielen, den Courses de Vaches, auf der Place Paul Bert steht anders als im spanischen Pamplona der Spaß im Mittelpunkt. Beim mitternächtlichen Toro de Fuego wird bei einem pyrotechnischem Spektakel ein künstlicher, funkensprühender Stier durch den Straßen getragen, und beim Corso am Samstagabend zieht ein langer Umzug mit reich geschmückten Wagen durch das Viertel.

MIT HARTER HAND

Der baskische Nationalsport Pelota gilt als Vorläufer des Tennis, ähnelt aber mehr dem Squash, da die Spieler den Ball gegen eine Wand schmettern. Es wird meist unter freiem Himmel, aber auch in Hallen gespielt – in Bayonne im Trinquet Moderne und im Trinquet Saint-André. Letzteres wird seit Ende des 19. Jahrhunderts für Pelota genutzt und gilt als das älteste »Ballhaus« Frankreichs. Pelota wird in verschiedenen Varianten gespielt. Am gebräuchlichsten ist die Variante, die auf Spanisch Cesta Punta und auf Baskisch Jai Alai heißt: Dabei wird der Ball mit einem spitz zulaufenden Korb an die Stirnwand befördert. Mit bloßen Händen *(à main nue)* wird das Jeu de Paume gespielt – eine dicke Hornhaut ist unabdingbar. Außer im Sommer findet an jedem Donnerstag ab 16 Uhr im Saint-André ein Spiel statt – baskische Tradition live.

WEITERE INFORMATIONEN

Trinquet Saint-André, Rue du Jeu de Paume, Tel. 06 88 86 81 91

Nah am Wasser gebaut: das Kasino von Biarritz (links). In der Villa Belza soll es manchmal nicht ganz geheuer gewesen sein – erzählt man sich (rechts).

50 Blaues Blut im Baskenland – Biarritz

Als Napoleon seine Frau beschenkte

Kaiser und Könige sind heute eine eher rare Spezies, doch ihr einst bevorzugter Urlaubsort Biarritz hat sich seinen mondänen Charme erhalten. Hinzu kommt eine neue Klientel: Surfer haben sich die Stadt mit ihren langen Stränden und hohen Wellen zu ihrem Mekka erkoren. Auf dem Weg zur spanischen Grenze zeigt sich St-Jean-de-Luz mit Hafen und Strandpromenade von seiner feinsten baskischen Seite.

Biarritz war jahrhundertelang ein kleines Fischerdorf, das vor allem vom Walfang lebte. Als Anfang des 18. Jahrhunderts die Walgründe leergefischt waren, verarmte das Dorf, bis es durch einen glücklichen Zufall sie aus seinem Elend erlöst wurde. Begeistert von der baskischen Küste, ließ Napoleon III. hier seiner Gattin Eugénie de Montijo die Villa Eugénie als prächtige Sommerresidenz errichten. Fortan gab sich der europäische Hochadel hier die Klinke in die Hand. Reiche Engländer kamen, russische Aristokraten, und Bismarck führte hier diplomatische Verhandlungen. Weitere Villen und Paläste entstanden, deren Besitzer darum wetteiferten, ihren Reichtum zu präsentieren. Die Haute Couture von Paris zeigte hier ihre Schauen und auch berühmte Künstler fanden sich ein: Schriftsteller wie Jean Cocteau und Hemingway, Komponisten wie Ravel und Strawinski, Schauspieler wie Sarah Bernhardt oder Charlie Chaplin. Die Villa Eugénie existiert heute noch als luxuriöses »Hôtel du Palais«, von dessen Balkonen die betuchten Gäste direkt auf Strand und Ozean blicken. 1956 brachte der US-Drehbuchautor Peter Viertel zum Dreh der Hemingway-Verfilmung »Fiesta« ein Surfbrett mit und löste so angeblich den Surfboom in Biarritz aus. Heute trifft man die Surfer vor allem an der Plage de La Côte des Basques und der Plage de Marbella. Wer nur

schwimmen oder sonnenbaden möchte, wählt die Grande Plage im Herzen der Stadt oder die etwas südlichere Plage de la Milady. Mit kleinen Kindern ist die sanfte Bucht am Port Vieux am angenehmsten.

Rund um die weiße Madonna...

Ein Spaziergang vom südlichen Stadtrand Richtung Hafen führt zu einigen Hotspots. Zunächst lockt in der Cité de l'Océan, einem faszinierenden Bauwerk des amerikanischen US-Architekten Steven Holl, ein interaktiver Trip mit vielen Computer-Animationen durch die Welt des Meeres. Verführung pur für Gourmands bietet »Planète musée du Chocolat« mit alten Werkzeugen, Reklameschildern, Kunstwerken und natürlich einer Verkostung. Weithin sichtbar, aber für die Öffentlichkeit nicht zugänglich, steht die Villa Belza (bretonisch für »schwarze Villa«) von 1880 mit ihrem runden Turm auf einem Felsvorsprung. Um sie ranken sich einige gruselige Geschichten. In Sichtweite bietet der Rocher de la Vierge mit seiner weißen Madonnenstatue und Gustave Eiffels Metallbrücke ein noch berühmteres Fotomotiv. Das benachbarte Aquarium, 1935 eingeweiht und seitdem ständig erweitert, zählt zu den größten in Frankreich. Neben Ausstellungen, zum Beispiel über den Walfang früherer Epochen, sind Meeresbewohner unterschiedlicher Zonen zu sehen: beeindruckende grüne Muränen aus der Karibik, riesige Rochen sowie Hammerhaie und sechs weitere Haiarten. Während der Fütterung herrscht bei den Seehunden der größte Besucherandrang.

... bis zur schwarzen Jungfrau

Rund um den 1870 gebauten Hafen laden in den einstigen bunten Fischerhäuschen *(crampottes)* heute Bars und Restaurants zu einem Gläschen Wein ein. Nach dem begehbaren Felsen Rocher du Basta beginnen die langen Sandstrände. Vom Kasino im Art-déco-Stil geht der Blick vom Roulette-Tisch direkt aufs Wasser. Nicht weit von der Kirche Sainte-Eugénie entfernt stehen das prachtvolle »Hôtel du Palais« und die Chapelle Impériale. Die Kapelle wurde im Auftrag von Eugénie in einem sehenswerten Stilmix erbaut und ist der schwarzen mexikanischen Jungfrau Notre-Dame de Guadelupe geweiht. Der einst großen russischen Gemeinde ist die orthodoxe Kirche zu verdanken, die einige Ikonen aus St. Petersburg bewahrt. Einige Straßen stadteinwärts widmet sich das Musée d'Art Asiatique – das zweitgrößte seiner Art in Frankreich – mit mehr als 1000 Exponaten Religion und Alltag besonders in Kaschmir,

Gustave Eiffel baute die Brücke zum Jungfrauenfelsen mit der Marienstatue (links oben). Die Chapelle Impériale wurde von Kaiserin Eugénie in Auftrag gegeben (links unten). Nur über eine Brücke müssen die Pilger in Saint-Jean-Pied-de-Port gehen, um ihren Weg durch Spanien zu beginnen (rechts).

Tibet und Nepal. Die Geschichte der Stadt Biarritz präsentiert das Musée Historique in einer ehemaligen anglikanischen Kirche. Gegenüber gibt es in der täglich geöffneten Markthalle Meerestiere vom Feinsten. Richtung Norden endet Biarritz an dem 1834 erbauten schwarz-weißen Leuchtturm auf dem Felsvorsprung Pointe Saint-Martin. Der 73 Meter hohe Turm bietet gut trainierten Besuchern nach 248 Stufen einen grandiosen Blick über Stadt, Meer und die Pyrenäen.

Im Herzen des Baskenlands

Die Stadt Anglet, längst mit Biarritz zu einem Ort zusammen gewachsen, hat vor allem eins zu bieten: Strand mit allerfeinstem Sand. An der Plage de la Petite Chambre d'Amour schworen sich in der gleichnamigen Grotte heimlich der Waisenjunge Laorens und die reiche Bauerntochter Saubade ewige Liebe. Bei einem schweren Unwetter überspülte das tosende Meer die Grotte und trug die beiden für immer auf den Ozean hinaus. Von Biarritz Richtung Süden demonstrierte die Stadt Saint-Jean-de-Luz die friedliche Koexistenz zweier natürlicher Feinde: Hier bauten einst vermögende Reeder und erfolgreiche, in den Ruhestand gegangene Korsaren nebeneinander ihre Häuser. Zusammen mit den traditionellen farbigen Holzbauten entstand eine muntere Mischung aus verschiedenen Stilen, die das Flair von Saint-Jean ausmacht. Der Walfang ist zwar längst Geschichte, doch an seine Stelle ist das Fischen von Tunfisch, Anchovis sowie mit der Leine geangeltem Seehecht getreten. Der nach wie vor bedeutende Hafen bietet mit seinen bunten Booten eine fast kitschige Postkartenidylle, der frische Fang wird in der täglich geöffneten, wunderhübschen Markthalle angeboten. Zu einem Einkaufsbummel laden die zahlreichen individuellen Läden in der Fußgängerzone mit ihren Häusern im baskischen Stil ein, den man stilvoll mit einem Drink an der Place Louis XIV abschließt. Der »Sonnenkönig« heiratete 1660 in der Kirche Saint-Jean-Baptiste – von außen streng, innen mit einem goldglänzenden Altar – die spanische Königstochter Maria Teresa. Ihre damaligen Villen, die Maison Louis XIV. und die Maison de l'Infante, sind zu besichtigen. Auf der anderen Seite des Hafens beherbergt in Ciboure das Geburtshaus des Komponisten Maurice Ravel heute das Tourismusbüro. Bei der Stadt Hendaye wurde auf der Fasaneninsel im Bidassoa, dem Grenzfluss zu Spanien, 1659 der Pyrenäenvertrag geschlossen. Er regelte die Staatsgrenzen und als Deal nebenbei auch noch die Hochzeit von Ludwig und Maria Teresa.

AUF ZUM JAKOBSWEG

Vier Wege führen aus Frankreich nach Santiago de Compostela. Die letzte Station vor der spanischen Grenze bildet Saint-Jean-Pied-de-Port, von Biarritz aus Richtung Südosten. Viele starten hier allerdings erst ihre Pilgertour – wie vor Jahren auch der Schauspieler Hape Kerkeling. Den malerischen Ort betreten sie durch die Porte Saint-Jacques der mittelalterlichen Stadtmauer. Der Weg führt durch die kopfsteingepflasterte Rue de la Citadelle mit ihren baskischen Häusern bis zur Kirche Notre-Dame. Durch das Tor des Glockenturms hindurch überquert man den Fluss Nive mit alten Häusern auf beiden Seiten, deren Holzbalkone übers Wasser ragen. Die Pilger erreichen entlang der Einkaufsstraße Rue d'Espagne das Stadtausgangstor für ihre Route, die Porte d'Espagne. Über dem Ort thront die 1627 errichtete Zitadelle mit einem schönen Blick über die Stadt und die umliegenden Dörfer.

WEITERE INFORMATIONEN

Office de Tourisme, 14 Place du Général-de-Gaulle, Tel. 05 59 37 03 57, www.saintjeanpieddeport-paysbasque-tourisme.com/

Das mittelalterliche Château de Fougères nördlich von Rennes gilt als die größte Festungsanlage Europas

Register

V.l.n.r.: Auf dem Friedhof von La Roche-Maurice; auf dem Canal du Nantes à Brest; die Reben von Saint Emilion; liebevoll gestalteter Hauseingang in Vitré; auf dem Fest der blauen Netze in Finistère; der alte Hafen in Auray.

Malerisch zeigt sich die alte Festungsanlage von Saint-Malo im Norden der Bretagne.

Impressum

Verantwortlich: Dr. Birgit Kneip
Lektorat: Barbara Rusch
Korrektorat: Petra Sparrer
Umschlaggestaltung und Satz: Frank Duffek
Kartografie: Huber-Kartographie, Heike Block
Repro: Repro Ludwig
Herstellung: Bettina Schippel
Printed in Italy by Printer Trento

★★★★★

Sind Sie mit diesem Titel zufrieden? Dann würden wir uns über Ihre Weiterempfehlung freuen.
Erzählen Sie es im Freundeskreis, berichten Sie Ihrem Buchhändler, oder bewerten Sie bei Onlinekauf. Und wenn Sie Kritik, Korrekturen Aktualisierungen haben, freuen wir uns über Ihre Nachricht an Bruckmann Verlag, Postfach 40 02 09, D-80702 München oder per E-Mail an lektorat@verlagshaus.de.

Unser komplettes Programm finden Sie unter

www.bruckmann.de

Die Deutsche Nationalbibliothek verzeichnet diese Publikation in der Deutschen Nationalbibliografie; detaillierte bibliografische Daten sind über http://dnb.d-nb.de abrufbar.

Textnachweis:
Die Highlights-Kapitel 1 bis 28 sowie die Einleitung schrieb Silke Heller-Jung; die Highlights-Kapitel 29 bis 50 schrieb Jürgen Zichnowitz.

Bildnachweis:
Alle Bilder stammen von Hans Zaglitsch bis auf:
Bildagentur Mauritius: S. 8 u.M./Umschlag hinten M. (Alamy/André Quilien), 35 o. (Alamy/Paul Tavener), 36 (imageBROKER/Jose Antonio Moreno castellano), 39 u., 69 (Hemis.fr/BERTHIER Emmanuel), 44 (Photononstop/Daniele Schneider), 57 u. (Andreas Keil), 67 u. (Alamy/Françoise EMILY), 79 u., 107 u., 125 o. (Rene Mattes), 81 o. (Hemis.fr/STICHELBAUT Benoit), 86 (Steve Vidler), 109 u. (Bluegreen Pictures/Benoit Stichelbaut), 137 u. (Photononstop/J-C.&D. Pratt), 139 o. (Hemis.fr/ESCUDERO Patrick), 142 (GoPanarama / Alamy); 146 u., 147 o. (Hemis.fr / GARDEL Bertrand), 151 o. (Hemis.fr/HAUSER Patrice); Bildagentur Look: großes Umschlagbild vorne; Picture Alliance: S. 14 u., 61 o., 93 u., 163 u.M. (Burkhard Jüttner), 105 u. (PHOTOPQR/OUEST FRANCE/MAXPPP), 131 u. (Pacific Press), 143 u. (MAXPPP), 143 o. (picture alliance / AP Photo) 155 u. (AP Photo), 155 o. (DPPI Media); Shutterstock: S. 8/9 (lauradibi), 29 o. (midgardson), 30/31 (philmythen), 52, 131 o. (Dutourdumonde Photography), 54 (canadastock), 55 u. (Nailia Schwarz), 60 (Watkeysphoto), 64, 82/83 (Igor Plotnikov), 76, 112/113 (DaLiu), 80 (jaroslava V), 93 o. (berteaux annick), 98/99 (Anna Kochetkova), 101 (lidian Neeleman), 106 (Paroo), 107 o. (Rolf E. Staerk), 108 (diegomori80), 121 u. (Altitude Drone), 115 (PHILIPIMAGE), 123 u. (Lokuttara), 124 (Marka777), 138 (PHB.cz (Richard Semik)/); 139 (Zzzz17); 147 (FreeProd33); 151 (Alexander Demyanenko) 150 (STUDIO M), 152 (Ms Jane Campbell), 153 (LMspencer), 157 (Jorge Argazkiak), 159 (peapop), 163 u. (FreeProd33) Image Broker: S. 9 u.M. (Christian GUY) Umschlag u. (Freeprod 33), Klappe r. (Kluciar Ivan); Umschlagklappe, rechts (Kluciar Ivan); PD - Pont Aven: S. 103 u.; Jean-Claude Lemée: S. 125 u.

Umschlag:
Vorne, groß: Leuchtturm Petit Minou in Plouzane, Finistere;
Vorne oben: Granitfelsenkueste nahe Ploumanach;
Vorne unten: Hafeneinfahrt von La Rochelle
Hinten, unten: Dorf im Weinanbaugebiet Loupiak im Bordelais
oben, v.l.n.r.: Menhire von Morbihan bei Le Menec, Trachten in Plougastel-Daoulas, Finistère, Kreuzgang der Zisterzienserinnenabtei von Bayonne
Klappen, links: Boulangerie in Locronan, rechts: Klosterberg Mont Saint Michel
Seite 2/3: La Plage de Bon Secours, Saint Malo (Hans Zaglitsch)
Seite 5: Château Dinan (Hans Zaglitsch)
Seite 6/7: Der Phare de Mean Ruz weist den Schiffen an der Côte de Granit rose den Weg. (Bildagentur Look/Tobias Richter)
Seite 166: Halbinsel Cap Sizun, Département Finistère, (Mauritius I mages (imageBROKER/Gerken & Ernst)

ISBN 978-3-7343-1032-4

Ebenfalls erschienen ...

ISBN 978-3-7343-1031-7

ISBN 978-3-7343-1032-4

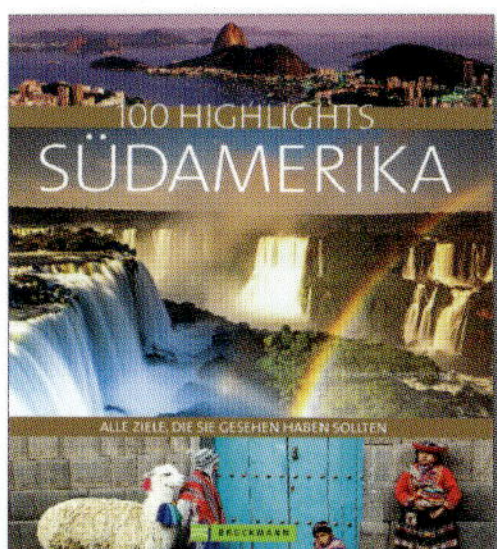

ISBN 978-3-7343-0651-8

ISBN 978-3-7343-0858-1

ISBN 978-3-7654-6120-0

ISBN 978-3-7343-2392-8

ISBN 978-3-7343-1028-7

ISBN 978-3-7343-1033-1

100 Highlights Australien
978-3-7343-2391-1

100 Highlights Deutschland
978-3-73433-0147-6

100 Highlights Englands Süden
978-3-7343-0650-1

100 Highlights Europa
978-3-73433-0146-9

100 Highlights Kanada
978-3-7654-8780-4

100 Highlights New York
978-3-7343-0797-3

100 Highlights Südostasien
978-3-7343-0659-4

Highlights BSkandinavien
978-3-7343-2393-5

100 Highlights USA
978-3-7654-8227-4

Highlights Andalusien
978-3-7654-5599-5

Highlights Antarktis
978-3-7343-0857-4

Highlights Bali
978-3-7343-2393-5

Highlights Bayern
978-3-7343-2393-5

Highlights Burma
978-3-7343-0665-5

Highlights Chile · Argentinien
978-3-7654-6031-9

Highlights Gardasee
978-3-7654-6772-1

Highlights Hurtigruten
978-3-7343-0616-7

Highlights Iran
978-3-7343-0663-1

Highlights Island
978-3-7654-6497-3

Highlights Israel
978-3-7654-5598-8

Highlights Japan
978-3-7654-6495-9

Highlights Kambodscha Laos
978-3-7343-0664-8

Highlights Karibik
978-3-7654-4869-0

Highlights Kreta
978-3-7654-8374-5

Highlights Kuba
978-3-7654-5596-4

Highlights Madeira
978-3-7343-0927-4

Highlights Mallorca
978-3-7654-5465-3

Highlights Marokko
978-3-7654-8783-5

Highlights Namibia
978-3-7654-5143-0

Highlights Neuseeland
978-3-7654-4750-1

Highlights Nordsee
978-3-7343-0649-5

Highlights Norwegen
978-3-7654-4827-0

Highlights Oman & Dubai
978-3-7654-6032-6

Highlights Peru
978-3-7654-5436-3

Highlights Portugal
978-3-7654-5533-9

Highlights Provence
978-3-7343-1030-0

Highlights Schottland
978-3-7654-8224-3

Highlights Sardinien
978-3-73433-0332-6

Highlights Sizilien
978-3-7654-5880-4

Highlights Sri Lanka
978-3-7343-0859-8

Highlights Südafrika
978-3-7654-6496-6

Highlights Südtirol
978-3-7654-6775-2

Highlights Thailand
978-3-7654-5863-7

Highlights USA
Der Westen
978-3-7654-5758-6

Highlights Vietnam
978-3-7654-5144-7

Welterbe – Deutschland,
Österreich, Schweiz
978-3-7654-8402-5

ISBN 978-3-7343-1089-8

BRUCKMANN

www.bruckmann.de